urania

Anne Thiemeyer

Die schönsten Topflappen

Inhalt

Vom praktischen Küchenhelfer zum dekorativen Schmuckstück

Beinahe in jedem Haushalt gibt es Topflappen, die sich verstecken müssen. Aber die 43 neuen Modelle, die ich Ihnen hier vorstelle, werden garantiert nicht in der Schublade (oder in der Versenkung) verschwinden, sondern gut sichtbar am Haken in Ihrer Küche hängen.

Sie werden jede Menge Motivtopflappen entdecken, vom Pandabären bis zum Marienkäfer, vom Spiegelei bis zum Marmeladenglas. Lassen Sie sich sowohl für die »Superdicken« mit den interessanten Strukturmustern begeistern als auch für ganz einfache Topflappen mit Streifen und Ringelmustern, die ruck-zuck fertig sind und auch von Kindern schnell nachgearbeitet werden können.

Gute Laune in der Küche verbreitet Smiley. Er lacht Sie schon am frühen Morgen an und dient als Muntermacher, wenn Sie sich Ihren ersten Kaffee aufbrühen. Besonders schön sind auch Topflappen in Tunesischer Häkelei – einer etwas anderen Häkeltechnik, die in einem gesonderten Lehrgang ausführlich erläutert wird.

Zum Jahresende gibt es dann den besonderen Gag: Verschenken Sie zum Weihnachtsfest einen Tannenbaum und zur Silvesterparty das Modell »Prosit Neujahr«, ein vierblättriges Kleeblatt oder ein Schweinchen, das natürlich auch zu vielen anderen Gelegenheiten Glück bringen soll.

Alle Modelle sind ausführlich beschrieben und mit Hilfe von Zählmustern und Häkelschriften leicht nachzuarbeiten. Die »Allgemeinen Hinweise« ab Seite 4 helfen Ihnen dabei.

Ich wünsche Ihnen viel Spaß mit den neuen Topflappen-Ideen!

Anne Thiemeyer

Allgemeine Hinweise

ABKÜRZUNGEN

Abb. = Abbildung
abm. = abmaschen
Dstb. = Doppelstäbchen
dreif. Stb. = dreifaches Stb.
f.M. = feste Masche
Hs. = Häkelschrift
h.Stb. = halbes Stäbchen
Km. = Kettmasche
Knl. = Knäuel
Lm. = Luftmasche
lt. = laut
M. = Masche
R. = Reihe
Rd. = Runde
Stb. = Stäbchen
Str. = Strang
wdh. = wiederholen
Zm. = Zählmuster
zus. = zusammen

ALLGEMEINE HINWEISE

Auf den folgenden Seiten finden Sie alle Hinweise, die Sie zum Nacharbeiten der abgebildeten Topflappen benötigen.

Die einzelnen Maschenarten werden anhand von Zeichnungen erläutert. In den Häkelschriften wird jede Maschenart durch ein eigenes Häkelschriftzeichen dargestellt. Die Erklärung der Häkelschriftzeichen finden Sie auf Seite 7.

HANDHALTUNG

Die Häkelnadel kann wie ein Bleistift (Abb. 1) oder wie eine Stricknadel (Abb. 2) gehalten werden.

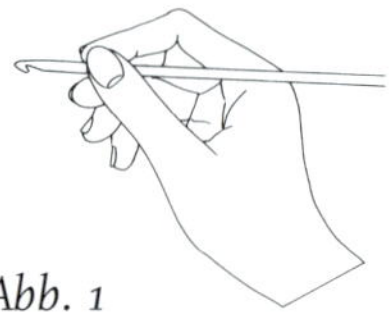

Abb. 1

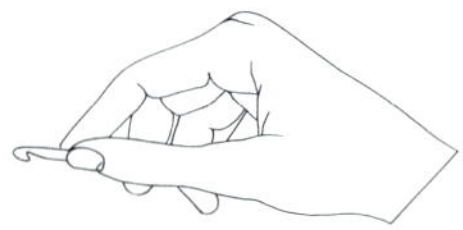

Abb. 2

Daumen und Mittelfinger der linken Hand halten die Arbeit, der linke Zeigefinger führt den vom Knäuel kommenden Faden und reguliert die Fadenspannung.

MASCHENARTEN

Anfangsschlinge, Abb. 3 + 4
Viele Häkelarbeiten beginnen mit einer Lm.-Kette, für die zunächst eine Anfangsschlinge gebildet wird. Den Fadenanfang zu einer Schlinge legen. Den vom Knäuel kommenden Faden mit der Häkelnadel durch die Schlinge ziehen. Die Fadenenden anziehen, bis die Schlinge locker auf der Nadel liegt.

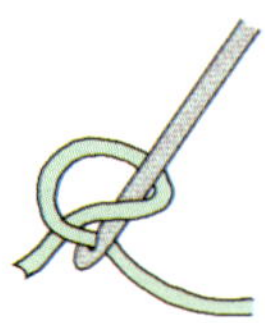

Abb. 3

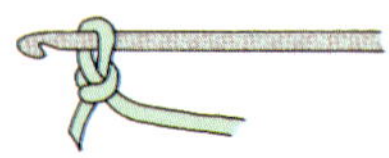

Abb. 4

Luftmaschen, Abb. 5 + 6
Einen Umschlag auf die Nadel nehmen und durch die auf der Nadel liegende Schlinge ziehen.

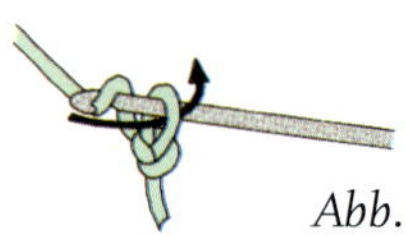

Abb. 5

Abb. 6

Kettmasche, Abb. 7 + 8
In eine M. einstechen, einen Umschlag auf die Nadel nehmen und in einem Zug durch die M. und die auf der Nadel liegende Schlinge ziehen.

Abb. 7

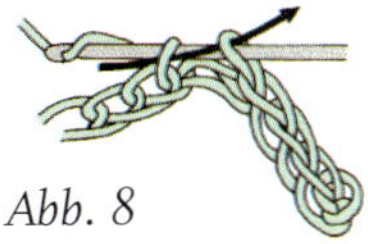
Abb. 8

Feste Masche, Abb. 9–11
In eine M. einstechen, einen Umschlag auf die Nadel nehmen und durch die M. ziehen. Dann erneut einen Umschlag aufnehmen und in einem Zug durch beide auf der Nadel liegenden Schlingen ziehen.

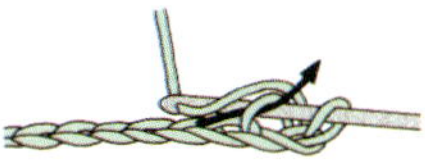
Abb. 9

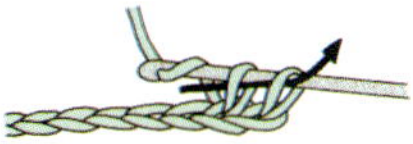
Abb. 10

Abb. 11

Halbes Stäbchen, Abb. 12–14
Einen Umschlag auf die Nadel nehmen, in eine M. einstechen und eine Schlinge durchholen. Dann erneut einen Umschlag aufnehmen und durch alle 3 auf der Nadel liegenden Schlingen ziehen.

Abb. 12

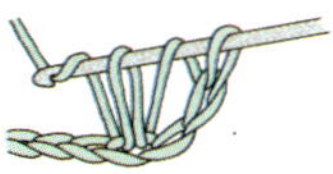
Abb. 13

Abb. 14

Stäbchen, Abb. 15–18
Einen Umschlag auf die Nadel nehmen, in eine M. einstechen und eine Schlinge durchholen. Einen Umschlag aufnehmen und durch 2 auf der Nadel liegende Schlingen ziehen. Diesen Vorgang bezeichnet man als abmaschen (abm.). Dann erneut einen Umschlag aufnehmen und die letzten beiden Schlingen abm.

Abb. 15

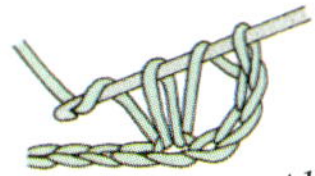
Abb. 16

Abb. 17

Abb. 18

Doppelstäbchen, Abb. 19–23
2 Umschläge auf die Nadel nehmen, in eine M. einstechen und eine Schlinge durchholen. Einen Umschlag aufnehmen und 2 Schlingen abm. Noch 2-mal mit je einem Umschlag je 2 Schlingen abm.

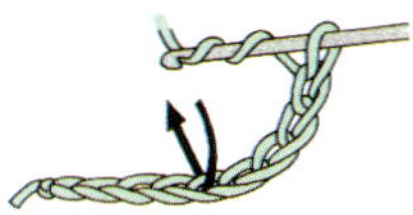
Abb. 19

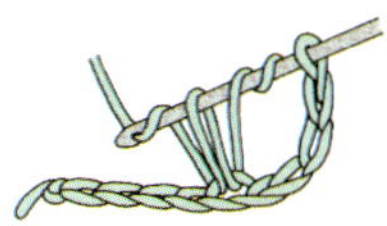
Abb. 20

Abb. 21

Abb. 22

Abb. 23

Dreifaches Stäbchen
3 Umschläge auf die Nadel nehmen, in eine M. einstechen und eine Schlinge durchholen. Dann 4-mal mit je einem Umschlag je 2 Schlingen abm.

Fadenring, Abb. 24–28
Beim Häkeln in Runden beginnt man mit einem Fadenring. Mit der Häkelnadel einen Umschlag aufnehmen und durch den Ring ziehen. Die 1. f.M. durch 2 Lm. ersetzen, dann f.M. in den Fadenring arbeiten. Nach der letzten f.M. wird der Ring mit dem losen Fadenende zusammengezogen.

Abb. 24

Abb. 25

Abb. 26

Abb. 27

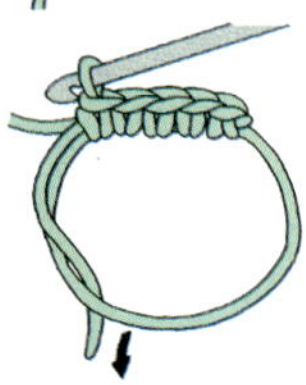

Abb. 28

Arbeiten nach Zählmuster
Ein Zählmuster gibt ein Modell Masche für Masche wieder. Jedes Karo des Zm. steht für eine f.M.

Luftmaschenanschlag
Für jedes Karo im Zm. eine Lm. anschlagen + eine zusätzliche Wende-Lm.

Gerade Ränder
Gerade Ränder lt. Hs. arbeiten. In der 1. R. die 1. f.M. in die 2. Lm. ab Nadel häkeln. Am Anfang jeder R. 1 Wende-Lm. häkeln, dann die f.M. wie gezeichnet in die M. der Vor-R. arbeiten.

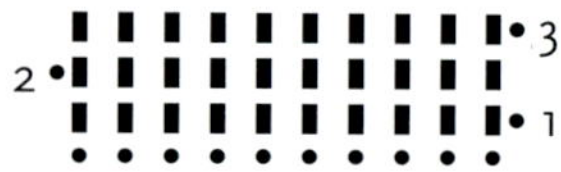

Zunahmen am Reihenanfang
1 M. zunehmen: Nach der Wende-Lm. 2 f.M. in die 1. M. der Vor-R. arbeiten oder 2 Lm. anschlagen, die 1. f.M. in die 2. Lm. ab Nadel häkeln.
Mehrere M. zunehmen: Pro Karo im Zm. 1 Lm. anschlagen + eine zusätzliche Wende-Lm. Die 1. f.M. in die 2. Lm. ab Nadel häkeln.

Zunahmen am Reihenende
1 M. zunehmen: In die letzte M. der Vor-R. 2 f.M. arbeiten oder 1 f.M. mit Fußschlinge häkeln, d. h. in die Einstichstelle der letzten f.M. einstechen, Schlinge durchholen und mit einem Umschlag abm. Diese Schlinge wird als Fußschlinge bezeichnet. Dann erneut einen Umschlag aufnehmen und durch beide auf der Nadel liegenden Schlingen ziehen.
Mehrere M. zunehmen: Pro Karo im Zm. 1 f.M. mit Fußschlinge arbeiten. Ab der 2. Zunahme die Fußschlinge aus der Fußschlinge der vorhergehenden M. durchholen.

Abnahmen am Reihenanfang
1 M. abnehmen: Nach der Wende-Lm. die 1. f.M. in die 2. M. der Vor-R. arbeiten oder

die ersten beiden M. zus. abm., d. h. aus den ersten beiden M. der Vor-R. je 1 Schlinge durchholen, dann mit einem Umschlag alle 3 Schlingen zus. abm.
Mehrere M. abnehmen: Die entsprechende M.-Zahl mit Km. überhäkeln.
Tipp für einen weicheren Übergang: Wenn Sie z. B. 3 M. abnehmen wollen, dann überhäkeln Sie nur 2 M. mit Km., die folgenden beiden M. werden zus. abgemascht.

Abnahmen am Reihenende
1 M. abnehmen: Die letzte M. unbehäkelt lassen oder die letzten beiden M. zus. abm.
Mehrere M. abnehmen: Die entsprechende M.-Zahl unbehäkelt lassen.
Tipp für einen weicheren Übergang: Wenn Sie z. B. 3 M. abnehmen wollen, dann maschen Sie die viert- und drittletzte M. zus. ab., die letzten beiden M. bleiben unbehäkelt.

Kettmaschenlinien aufhäkeln
Das Knäuel unter das Häkelteil legen, die Häkelnadel von der Vorderseite aus durch das Häkelteil zur Rückseite führen und eine Schlinge auf die Vorderseite holen. Dann in den nächsten Einstichpunkt einstechen und wieder eine Schlinge von unten auf die Vorderseite holen und durch die auf der Nadel liegende Schlinge ziehen.

ERKLÄRUNG DER HÄKELSCHRIFT-ZEICHEN

● = Luftmasche (Lm.)
⌒ = Kettmasche (Km.)
▮ = feste Masche (f.M.)

= 2 f.M. in dieselbe Einstichstelle
= 2 f.M. zusammen abmaschen: aus 2 nebeneinander liegenden M. je 1 Schlinge durchholen, dann 1 Umschlag auf die Nadel nehmen und durch alle 3 auf der Nadel liegenden Schlingen ziehen
= 3 f.M. in dieselbe Einstichstelle

= f.M. mit Fußschlinge: aus der Einstichstelle der letzten M. 1 Schlinge durchholen, mit 1 Umschlag abm. = Fußschlinge. Dann 1-mal 2 Schlingen abm. Für jede folgende f.M. die Fußschlinge aus der vorhergehenden Fußschlinge durchholen
= halbes Stäbchen (h.Stb.)

= Stäbchen (Stb.)

= 2 Stb. in dieselbe Einstichstelle

= 2 Stb. zus. abm.: von jedem Stb. 1 mal 2 Schlingen abm., dann mit einem Umschlag alle 3 auf der Nadel liegenden Schlingen zus. abm.
= 3 Stb. zus. abm.: von jedem Stb. 1-mal 2 Schlingen abm., dann mit einem Umschlag alle 4 auf der Nadel liegenden Schlingen zus. abm.

= Doppelstäbchen (Dstb.)

= 2 Dstb. zus. abm.: von jedem Dstb. 2-mal 2 Schlingen abm., dann mit einem Umschlag alle 3 auf der Nadel liegenden Schlingen zus. abm.

Kräuter-töpfchen

MATERIAL

Baumwollhäkelgarn Lyric 8/8 in Hellblau 509, Dunkelblau 511 und Flieder 527 (für ein Topflappenpaar werden 2 Knl. in Hellblau und 1 Knl. in Dunkelblau benötigt, von dem fliederfarbenen Garn für die Stickerei auf dem Rand reicht ein Rest); außerdem 1 Knl. Baumwollhäkelgarn Eldorado in Braun 4214 und je 1 Str. Anchor Sticktwist in 2 verschiedenen Grüntönen, z. B. 216 und 217, und Rosa 85, alle Garne von Coats; Häkelnadeln Nr. 3,5 und 1,75; Sticknadel ohne Spitze

Zählmuster B

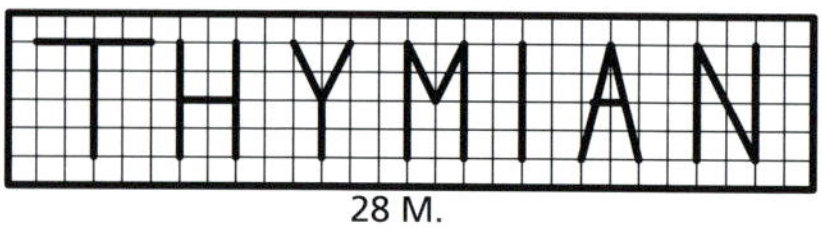

Zählmuster A

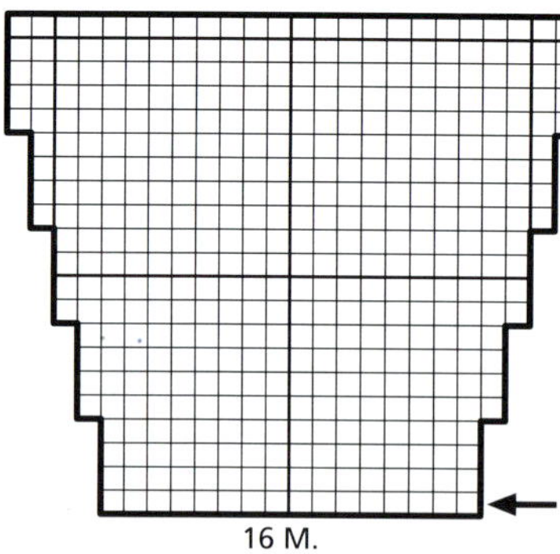

Größe: ca. 20 x 20 cm
Grundmuster I: f.M. in Hin- und Rück-R. häkeln, siehe auch Hs. auf Seite 6, »Gerade Ränder«. Jede Farbfläche mit einem Extra-Knl. arbeiten. Beim Farbwechsel die Fäden auf der Rückseite verkreuzen und die letzte M. einer Farbe mit der folgenden Farbe abm.
Maschenprobe: 10 M. x 10 R. ergeben 5 x 5 cm.
Grundmuster II: Lt. Zm. f.M. in Hin- und Rück-R. arbeiten. Arbeiten nach Zm. siehe »Allgemeine Hinweise« auf Seite 6.
Ausführung: 41 Lm. in Dunkelblau mit Häkelnadel Nr. 3,5 anschlagen. Im Grundmuster I arbeiten = 40 f.M. pro R. Nach 4. R. über die 4 äußeren M. in Dunkelblau, über die dazwischen liegenden 32 M. in Hellblau weiterarbeiten. Nach insgesamt 36 R. über die ganze Breite noch 4 R. in Dunkelblau häkeln. Am Ende der letzten R. für den Aufhänger 15 Lm. anschlagen, die Nadel aus der Schlinge nehmen, von der Vorderseite aus in den Eckpunkt einstechen, Schlinge durchholen und den Lm.-Ring mit f.M. dicht umhäkeln. Dann die Topflappenoberkante mit 1 R. Km. überhäkeln. Den Rand in der Mitte mit einer Steppstichlinie in Flieder besticken, die Steppstiche über jeweils 2 M. bzw. 2 R. arbeiten.

Das Töpfchen mit Eldorado und Häkelnadel Nr. 1,75 im Grundmuster II lt. Zm.

A arbeiten. Für das untere Teil 17 Lm. anschlagen, beim Pfeil beginnen = 16 f.M. in der 1. R. Für den oberen Rand 29 Lm. anschlagen und 6 R. im Grundmuster II lt. Zm. B arbeiten, dann das Teil mit Km. umhäkeln. Den Schriftzug »Thymian« mit Spannstichen aufsticken, Sticktwist ganzfädig verwenden. Den oberen Rand mit Steppstichen auf das untere Teil nähen, dabei die Steppstiche zwischen der 20. + 21. R. vom unteren Teil und der 1. + 2. R. vom Rand arbeiten.

Den Thymian lt. Foto mit ganzfädigem Sticktwist aufsticken. Zuerst die Zweige mit Spannstichen in dem dunkleren Grünton, dann die Blättchen mit Spannstichen in dem helleren Grünton arbeiten. Die Blüten mit Kettenstichen in Rosa sticken.

Marmeladenglas

MATERIAL

Baumwollhäkelgarn Lyric 8/8 in Rot 508, Blau 555* und Weiß 500* (für ein Topflappenpaar werden 2 Knl. in Rot benötigt) und Lyric 8/4 in Weiß 500*; Baumwollhäkelgarn Rot-Tulpe in Rot 4093* (* = Garnreste); Anchor Sticktwist in Ocker und Maigrün, alle Garne von Coats; Häkelnadeln Nr. 3,5, Nr. 2,5 und Nr. 1,75

Zählmuster A

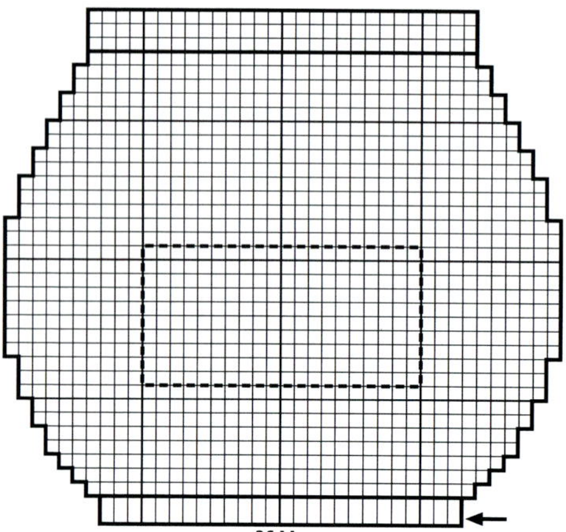

26 M.

Zählmuster B

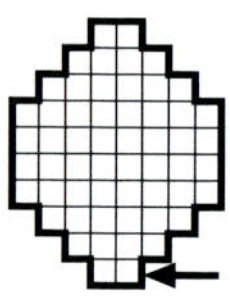

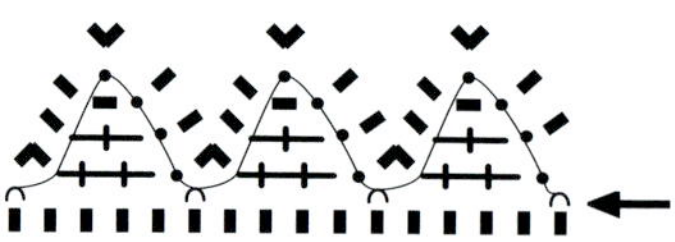

Häkelschrift A

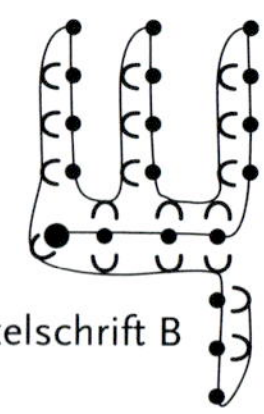

Häkelschrift B

Größe: ca. 20 x 17 cm
Häkelschriftzeichen auf Seite 7
Grundmuster I: Lt. Zm. f.M. in Hin- und Rück-R. arbeiten. Arbeiten nach Zm. siehe »Allgemeine Hinweise« auf Seite 6.
Maschenprobe: 10 M. x 11 R. = 5 x 5 cm.
Grundmuster II: f.M. in Hin- und Rück-R. häkeln, siehe auch Hs. auf Seite 6.
Ausführung: 26 Lm. + 3 Lm. für das Rand-Stb. in Rot mit Häkelnadel Nr. 3,5 anschlagen. Lt. Zm. A arbeiten, beim Pfeil beginnen, in der 1. R. Stb. arbeiten, dabei das 1. Stb. in die 5. Lm. ab Nadel häkeln. Danach im Grundmuster I weiterhäkeln, dabei in der 1. R. die f.M. in das vordere (= halbe) Abmaschglied der Stb. arbeiten. Die letzten 3 R. in Weiß häkeln.

Die *Spitze* in Rd. arbeiten. 60 Lm. mit Lyric 8/8 in Weiß anschlagen, dann die 1. f.M. in die Anfangs-Lm. häkeln und somit den Lm.-Anschlag zur Rd. schließen. Weiter in jede Lm. 1 f.M. arbeiten. Nach der letzten f.M. die Zacken lt. Hs. A anfügen, beim Pfeil beginnen. Die Zacken mit Blau, wie in der Hs. gezeigt, überhäkeln. Spitze um den Topflappenrand legen und zwischen der zweit- und drittletzten R. des Topflappens annähen. Aus blauem Garn eine Kordel drehen, um den Rand legen, verknoten und festnähen.

Das *Label* mit Lyric 8/4 in Weiß und Häkelnadel Nr. 2,5 im Grundmuster II arbeiten. 29 Lm. anschlagen = 28 M. pro R. Nach 14 R. das Teil nicht

wenden und wie folgt umhäkeln: abwechselnd 1 Pikot und 1 Km. in den Labelrand häkeln, dabei am Anfang der Rd. für das 1. Pikot 2 Lm., 1 Km. in das vordere Abmaschglied der letzten f.M. häkeln, danach für die Pikots jeweils 2 Lm., 1 Km. in das vordere Abmaschglied der zuletzt gehäkelten Km. arbeiten. Schriftzug »Erdbeere« mit Rot-Tulpe im Stielstich aufsticken. Label mit blauem Garnrest mit Vorstichen auf das Marmeladenglas nähen. Zwei Erdbeeren mit Rot-Tulpe und Häkelnadel Nr. 1,75 lt. Zm. B arbeiten. Pünktchen mit 3-fädigem Sticktwist in Ocker aufsticken. Die Blättchen mit Sticktwist lt. Hs. B arbeiten. 8 Lm. anschlagen (dicker Punkt = Anfangs-Lm.). Blättchen auf die Erdbeeren nähen. Erdbeeren aufnähen, siehe auch Foto. Für den Aufhänger 20 Lm. anschlagen, mit 1 Km. zur Rd. schließen. Lm.-Ring mit f.M. dicht umhäkeln. Aufhänger auf der Rückseite festnähen.

Spiegelei

Größe: ca. 20 x 16 cm
Grundmuster I: Lt. Zm. f.M. in Hin- und Rück-R. arbeiten. Arbeiten nach Zm. siehe »Allgemeine Hinweise« auf Seite 6.
Maschenprobe: 10 M. x 11 R. ergeben 5 x 5 cm.
Grundmuster II: f.M. in Rd. häkeln, dabei die Rd. spiralförmig ausführen. Zur Kontrolle der Maschenzahl empfiehlt es sich, nach der letzten M. einer Rd. einen Faden in einer Kontrastfarbe einzulegen. Dann die folgende Rd. arbeiten. Am Rd.-Ende den Faden entfernen und bei jedem Rd.-Anfang neu einlegen.
Ausführung: Für das Eiweiß 5 Lm. in Weiß mit Häkelnadel Nr. 3,5 anschlagen. Dann im Grundmuster I arbeiten, beim Pfeil beginnen, die 1. f.M. in die 2. Lm. ab Nadel häkeln = 4 f.M. in der 1. R. Am Ende der letzten R. für den Aufhänger 15 Lm. anschlagen, die Nadel aus der Schlinge nehmen, von der Vorderseite aus in den Eckpunkt einstechen, Schlinge durchholen und den Lm.-Ring mit f.M. dicht umhäkeln. Eiweiß mit braunem Garn und Häkelnadel Nr. 2,5 umhäkeln, dabei abwechselnd in unregelmäßiger Reihenfolge Km. und f.M. arbeiten.

Den Eidotter mit Gelb im Grundmuster II arbeiten.

MATERIAL

Baumwollhäkelgarn Lyric 8/8 in Weiß 500 und Gelb 524 von Coats (für ein Topflappenpaar werden 2 Knl. in Weiß und 1 Knl. in Gelb benötigt); Rest dünnes Baumwollhäkelgarn in Braun; Häkelnadeln Nr. 3,5 und 2,5

1. Rd.: in einen Fadenring (siehe Seite 6) 2 Lm. + 7 f.M. arbeiten = 8 M.
2. Rd.: 4-mal jede 2. M. verdoppeln, d. h. 2 f.M. in dieselbe M. der Vor-Rd. arbeiten = 12 M.
3. Rd.: 6-mal jede 2. M. verdoppeln = 18 M.
4. Rd.: 6-mal jede 3. M. verdoppeln = 24 M.
5. Rd.: 6-mal jede 4. M. verdoppeln = 30 M.
6. Rd.: zuerst die 2. M. verdoppeln, dann noch 5-mal jede 5. M. verdoppeln = 36 M.
7. Rd.: 6-mal jede 6. M. verdoppeln = 42 M.
8. Rd.: f.M. ohne Zunahmen arbeiten = 42 M.

Damit der Dotter etwas plastisch hervortritt als Einlage einen 2. Kreis wie beschrieben arbeiten, jedoch mit der 7. Rd. enden. Zuerst den kleinen Kreis mit wenigen Stichen auf dem Eiweiß festnähen. Dann den größeren Kreis auflegen und rundum festnähen.

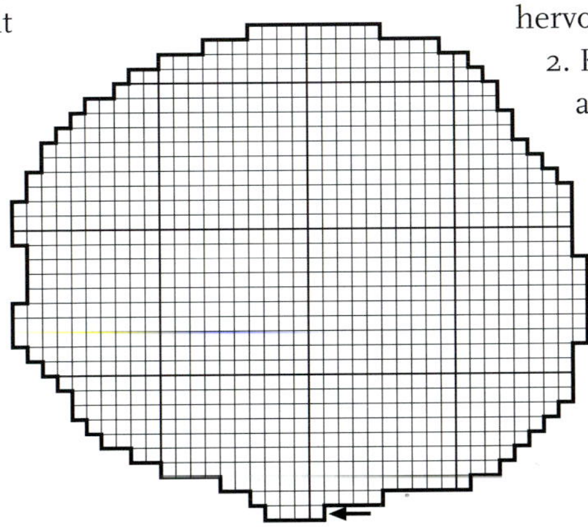

Die »Superdicken«

MATERIAL

Baumwollhäkelgarn Lyric 8/8 in Lila 528 bzw. Zyklam 526 von Coats (für ein Topflappenpaar werden jeweils 3 Knl. benötigt); Häkelnadel Nr. 3,5

Größe: ca. 21 x 21 cm
Grundmuster: Lt. Zm. f.M. in Hin- und Rück-R. arbeiten. In der 1. R. die 1. f.M. in die 2. Lm. ab Nadel häkeln. Für den Rippeneffekt ab der 2. R. die f.M. jeweils nur in das hintere (= halbe) Abmaschglied der Vor-R. arbeiten. Am Anfang jeder R. 1 Wende-Lm. häkeln, die 1. f.M. in die letzte M. der Vor-R. arbeiten. Die plastischen Stb. lt. nachfolgender Zeichenerklärung arbeiten.

Zeichenerklärung:
□ = 1 f.M., ab der 2. R. nur in das hintere (= halbe) Abmaschglied der Vor-R.
= 1 f.M. und 1 Stb. zus. abm., d. h. in die f.M. der Vor-R. einstechen, Schlinge durchholen, für das Stb. 1 Umschlag auf die Nadel nehmen, von oben nach unten in das darunter liegende halbe Abmaschglied einstechen, Schlinge durchholen und nach oben ziehen, dann nacheinander zuerst 2 Schlingen, dann 3 Schlingen abm.
Maschenprobe: 10 M. x 10 R. = 5 x 5 cm.
Ausführung: 43 Lm. anschlagen. Im Grundmuster arbeiten, beim Pfeil mit einer Rück-R. beginnen = 42 f.M. pro R. In den ersten 3 R. nur f.M. arbeiten, die plastischen Stb. werden ab der 4. R. in jeder Hin-R. gearbeitet. Die dick gezeichneten waagerechten Striche kennzeichnen die halben Abmaschglieder der f.M. (= Einstichstellen für die

Zickzackstreifen

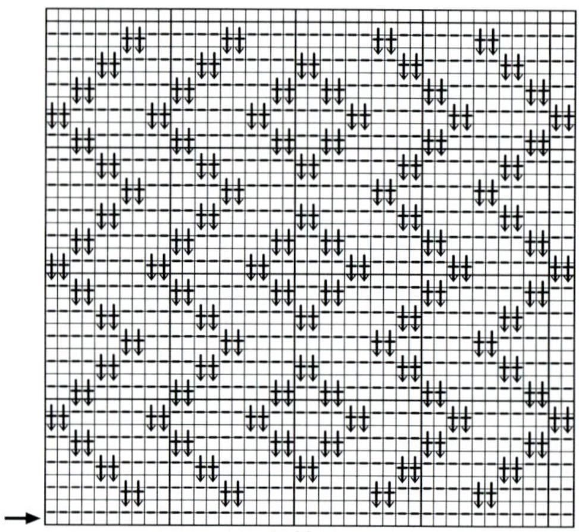

42 M.

Schrägstreifen

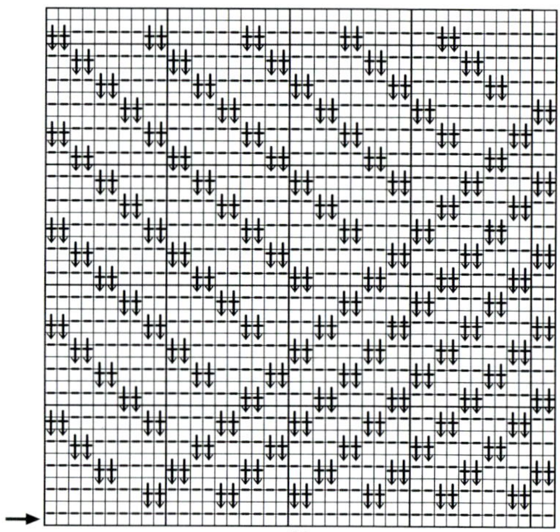

42 M.

Stb.). Nach der letzten R. Teil wenden und den Topflappen mit Km. überhäkeln, bei den Stb. an den Seitenkanten die Km. hinter den Stb. arbeiten. An den Ecken jeweils 1 Lm. häkeln. Rd. mit einer Km. schließen.

Dann für den Aufhänger 15 Lm. anschlagen, die Nadel aus der Schlinge nehmen, in die 1. Lm. einstechen, Schlinge durchholen und den Lm.-Ring mit f.M. dicht umhäkeln.

Mexiko

MATERIAL

Baumwollhäkelgarn Lyric 8/8 von Coats in Weiß 500, Schwarz 501, Gelb 524*, Blau 555*, Grün 512* und Rot 508* (für ein Topflappenpaar werden je 1 Knl. in Weiß und Schwarz benötigt, für die mit * gekennzeichneten Farben reichen auch Garnreste in entsprechender Stärke); Häkelnadel Nr. 3,5

Größe: ca. 22 x 20 cm
Häkelschriftzeichen auf Seite 7
Grundmuster: f.M. in Hin- und Rück-R. häkeln, siehe auch Hs. auf Seite 6, »Gerade Ränder«. Jede Farbfläche mit einem Extra-Knl. arbeiten. Beim Farbwechsel die Fäden auf der Rückseite verkreuzen und die letzte M. einer Farbe mit der folgenden Farbe abm.
Maschenprobe: 9,5 M. x 10,5 R. ergeben 5 x 5 cm.
Ausführung: 37 Lm. in Schwarz anschlagen. Im Grundmuster arbeiten = 36 f.M. pro R. Nach 4. R. über die 4 äußeren M. in Schwarz, über die dazwischen liegenden 28 M. in Weiß weiterarbeiten. Nach insgesamt 32 R. über die ganze Breite noch 4 R. in Schwarz häkeln. Am Ende der letzten R. für den Aufhänger 15 Lm. anschlagen, die Nadel aus der Schlinge nehmen, von der Vorderseite aus in den Eckpunkt einstechen, Schlinge durchholen und den Lm.-Ring mit f.M. dicht umhäkeln.

Dann die Topflappenaußenkante mit Zacken überhäkeln, jede Seite mit einer anderen Farbe, siehe Foto. Dafür jeweils mit einer Km. an einem Eckpunkt anketten, die Zacken lt. Hs. arbeiten, nach jeder Zacke 1 Km. in den Topflappenrand arbeiten, und zwar jeweils nach 5 R., 1-mal nach 6 R. Lt. Foto mit jeweils 2 M. bzw. 2 R. Abstand zum schwarzen Rand Km.-Linien auf die weiße Fläche häkeln, siehe auch »Allgemeine Hinweise« auf Seite 7. Vogelmotiv lt. Vorzeichnung in die Topflappenmitte häkeln, evtl. eine Schablone anfertigen und Kontur mit Bleistift ganz fein auf die weiße Fläche zeichnen oder mit Nähgarn markieren. Kontur mit schwarzem, innere Linie mit rotem Garn aufhäkeln.

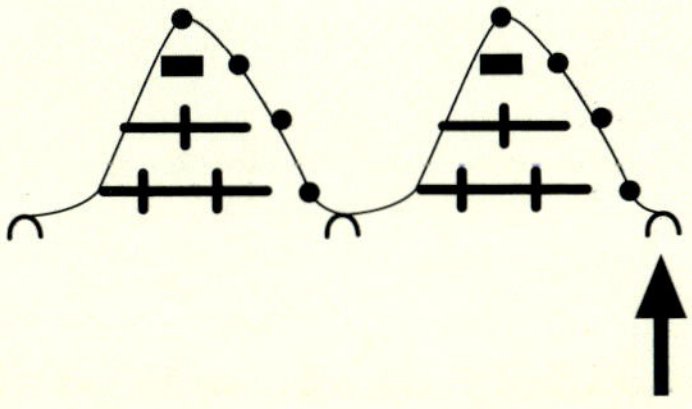

2-fach vergrößern

Zebra- und Giraffenmuster

MATERIAL

Baumwollhäkelgarn Lyric 8/8 von Coats, in Weiß 500 und Schwarz 501 für Zebramuster, in Rotbraun 565 und Beige 503 für Giraffenmuster (für ein Topflappenpaar mit Zebramuster werden je 1 Knl. in Weiß und Schwarz, für ein Topflappenpaar mit Giraffenmuster werden 2 Knl. in Rotbraun und 1 Knl. in Beige benötigt); Häkelnadel Nr. 3,5

Größe: ca. 20 x 20 cm
Grundmuster: Lt. Zm. f.M. in Hin- und Rück-R. arbeiten. Arbeiten nach Zm. siehe »Allgemeine Hinweise« auf Seite 6. Für das Jacquardmuster den unbenutzten Faden jeweils mit dem Arbeitsfaden überhäkeln, beim Farbwechsel die letzte M. einer Farbe jeweils mit der folgenden Farbe abm.
Maschenprobe: 10 M. x 9 R. ergeben 5 x 5 cm.

Ausführung: 41 Lm. anschlagen. Die Lm. in den Farben der 1. R. lt. entsprechendem Zm. anschlagen, dabei an der linken unteren Ecke beginnen.
Beispiel: Beim Zebramuster werden nacheinander 4 Lm. in Schwarz, 3 Lm. in Weiß, 5 Lm. in Schwarz usw. angeschlagen, dabei wird der andersfarbige Faden mitgeführt.

Beim Abzählen der Lm. beachten, dass beim Farbwechsel, d. h. wenn der Faden der 2. Farbe durch die auf der Nadel liegende Schlinge geholt wird, noch eine Lm. in der zuvor verwendeten 1. Farbe gebildet wird. Lt. entsprechendem Zm. arbeiten, beim Pfeil beginnen = 40 f.M. pro R. In der 1. R. auch die Fäden vom Lm.-Anschlag überhäkeln. Nach der vorletzten R. für den Aufhänger 15 Lm. anschlagen, die Nadel aus der Schlinge nehmen, von der Vorderseite aus in den Eckpunkt einstechen, Schlinge durchholen und den Lm.-Ring mit f.M. dicht umhäkeln. Danach die letzte R. anfügen oder den Aufhänger nach der letzten R. arbeiten.

Zebra
■ = schwarz
□ = weiß

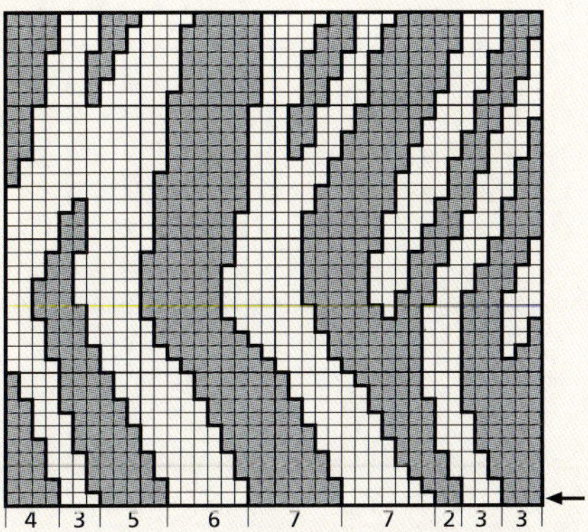

Giraffe
■ = rotbraun
□ = beige

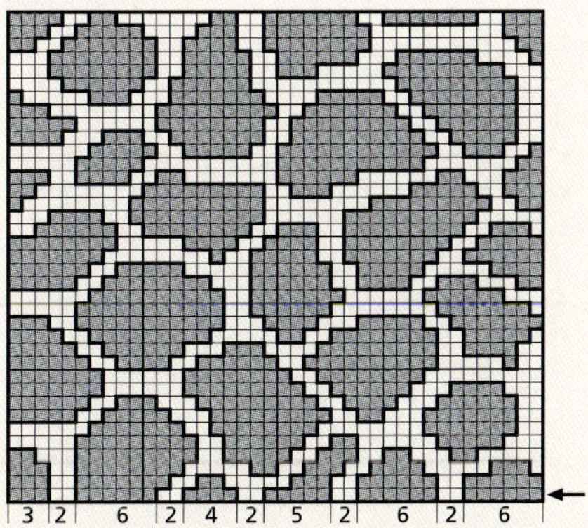

Pandabär

MATERIAL

Baumwollhäkelgarn Lyric 8/8 in Weiß 500 und Schwarz 501 (für ein Topflappenpaar werden 2 Knl. in Weiß und 1 Knl. in Schwarz benötigt); Baumwollhäkelgarn Lyric 8/4 in Weiß 500* und Schwarz 501* (für die mit * gekennzeichneten Farben reichen auch Garnreste in entsprechender Stärke), alle Garne von Coats; Häkelnadeln Nr. 3,5 und 2,5

Größe: ca. 20 cm ø
Häkelschriftzeichen auf Seite 7
Grundmuster und Maschenprobe: siehe Smiley auf Seite 26.

Ausführung: Den Kopf in Weiß im Grundmuster mit Häkelnadel Nr. 3,5 arbeiten. Bis zur 18. Rd., wie beim Smiley beschrieben, häkeln.

19. Rd.: 6-mal jede 18. M. verdoppeln = 114 M. Bei der letzten Zunahmestelle zwischen den beiden f.M. für den Aufhänger 15 Lm. häkeln und die 20. Rd. anfügen.

20. Rd.: zuerst die 9. M. verdoppeln, dann noch 5-mal jede 19. M. verdoppeln = 120 M.

Nach der 20. Rd. den Lm.-Ring mit f.M. dicht umhäkeln.

Für die *Schnauze* in Weiß einen Kreis mit 6 Rd., als Einlage einen weiteren Kreis mit 5 Rd. häkeln.

Die *Ohren* mit Lyric 8/8 in Schwarz lt. Hs. A + B in Hin- und Rück-R. arbeiten. Unterhalb der Linie sind einige M. der 20. Rd. des Kopfes gezeichnet. Beim An-

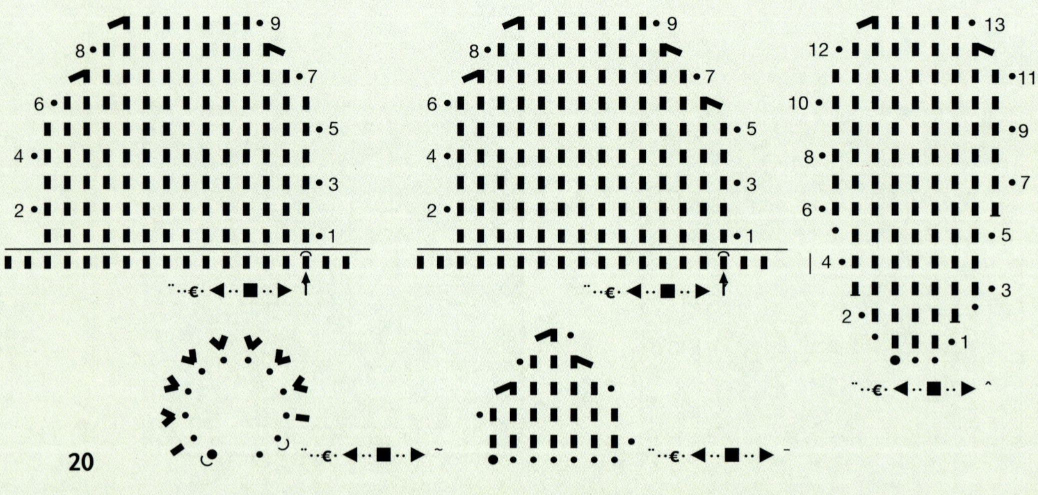

ketten den Fadenanfang ca. 1,20 m lang hängen lassen. Mit dem Fadenanfang wird später das Ohr überhäkelt. An die 21. M. vor dem Aufhänger anketten, Ohr lt. Hs. A arbeiten. An die 8. M. nach dem Aufhänger anketten, Ohr lt. Hs. B arbeiten. Die Ohren mit Km. überhäkeln.

Mit Lyric 8/4 und Häkelnadel Nr. 2,5 die *Augen* in Schwarz lt. Hs. C, den inneren Kranz in Weiß lt. Hs. D, den *Mund* in Schwarz lt. Hs. E arbeiten, dicker Punkt = Anfangs-Lm. Den Mund auf die Schnauze nähen, die Linien mit Spannstichen aufsticken, siehe auch Foto. Die Einlage für die Schnauze mit wenigen Stichen auf den Kopf nähen, dann die Schnauze auflegen und festnähen. Die Schnauze verdeckt den Rd.-Anfang des Kopfes. Die Augen aufnähen, das schmale Ende zeigt nach unten, den weißen Kranz lt. Foto aufnähen.

Marienkäfer

MATERIAL

Baumwollhäkelgarn Lyric 8/8 in Rot 508 und Schwarz 501; Baumwollhäkelgarn Lyric 8/4 in Schwarz 501 (für ein Topflappenpaar werden 2 Knl. in Rot und je 1 Knl. in Schwarz benötigt), alle Garne von Coats; Häkelnadeln Nr. 3,5 und 2,5

Größe: ca. 20 cm ø
Häkelschriftzeichen auf Seite 7
Grundmuster und Maschenprobe: siehe Smiley auf Seite 24.
Ausführung: Den Körper in Rot im Grundmuster mit Häkelnadel Nr. 3,5, wie beim Smiley beschrieben, häkeln. Nach der 20 Rd. mit einer Km. enden.

Den Kopf mit Lyric 8/8 in Schwarz lt. Hs. A arbeiten. In eine M. des Körpers einstechen (siehe Pfeil A) und den Faden durchholen. Unterhalb der waagerechten Linie sind f.M. der letzten Rd. des Körpers gezeichnet. Den Kopf in Hin- und Rück-R. arbeiten, dabei mit 3 Lm. beginnen. Nach der 7. R. den Faden abschneiden. Bei Pfeil B neu anketten und den Kopf umhäkeln, dabei die Fühler und den Aufhänger lt. Hs. arbeiten. Nach den 5 Lm. für den Aufhänger die Nadel aus der Schlinge nehmen, in den Eckpunkt vor dem 1. Fühler einstechen, Schlinge durchholen, dann lt. Hs. fortfahren, mit einer Km. in eine f.M. der letzten Rd. des Körpers enden.

Das untere dreieckige Teil lt. Hs. B mit Lyric 8/4 in Schwarz und Häkelnadel Nr. 2,5 arbeiten. 21 Lm. anschlagen, in Hin- und Rück-R. f.M. arbeiten, dabei in der 1. R. die 1. f.M. in die 2. Lm. ab Nadel häkeln = 20 f.M. nach der 1. R. Nach der letzten R. das Teil mit f.M. umhäkeln, dann für die Mittellinie noch ca. 42 Lm. anschlagen.

7 Punkte mit Lyric 8/4 in Schwarz im Grundmuster wie beim Körper arbeiten, jedoch jeweils mit der 3. Rd. enden. Nach der 3. Rd. noch eine Rd. Km. anfügen. Lt. Foto das untere Teil mit Mittellinie – Mittellinie evtl. in der Länge anpassen – sowie die Kreise aufnähen.

Häkelschrift A

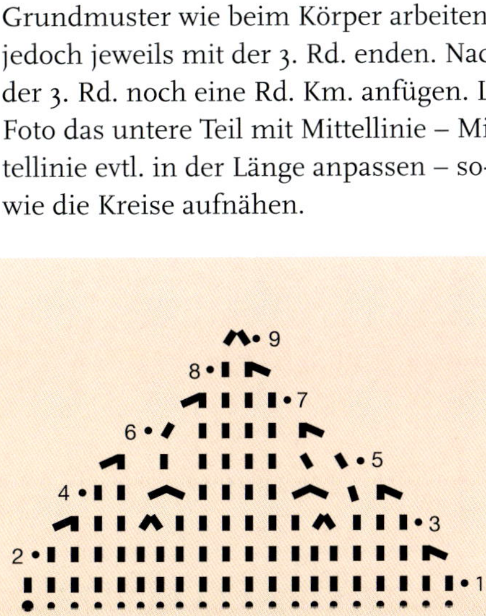

Häkelschrift B

Smiley

MATERIAL

Baumwollhäkelgarn Lyric 8/8 in Gelb 524, Schwarz 501* und Weiß 500*, Baumwollhäkelgarn Lyric 8/4 in Schwarz 501* (für ein Topflappenpaar werden 2 Knl. in Gelb benötigt, für die mit * gekennzeichneten Farben reichen Garnreste in entsprechender Stärke), alle Garne von Coats; Häkelnadeln Nr. 3,5 und 2,5

Größe: ca. 20 cm ø
Häkelschriftzeichen auf Seite 7
Grundmuster: f.M. in Rd. häkeln, dabei die Rd. spiralförmig ausführen. Zur Kontrolle der Maschenzahl empfiehlt es sich, nach der letzten M. einer Rd. einen Faden in einer Kontrastfarbe einzulegen. Dann die folgende Rd. arbeiten. Am Rd.-Ende den Faden entfernen und bei jedem Rd.-Anfang neu einlegen.
Maschenprobe: 5 Rd. ergeben 5 cm ø.
Ausführung: Den Kopf in Gelb im Grundmuster mit Häkelnadel Nr. 3,5 arbeiten.

1. Rd.: in einen Fadenring (siehe Seite 6) 2 Lm. + 7 f.M. arbeiten = 8 M.
2. Rd.: 4-mal jede 2. M. verdoppeln, d. h. 2 f.M. in dieselbe M. der Vor-Rd. arbeiten = 12 M.
3. Rd.: 6-mal jede 2. M. verdoppeln = 18 M.
4. Rd.: 6-mal jede 3. M. verdoppeln = 24 M.
5. Rd.: 6-mal jede 4. M. verdoppeln = 30 M.
6. Rd.: zuerst die 2. M. verdoppeln, dann noch 5-mal jede 5. M. verdoppeln = 36 M.
7. Rd.: 6-mal jede 6. M. verdoppeln = 42 M.
8. Rd.: zuerst die 3. M. verdoppeln, dann noch 5-mal jede 7. M. verdoppeln = 48 M.
9. Rd.: 6-mal jede 8. M. verdoppeln = 54 M.
10. Rd.: zuerst die 4. M. verdoppeln, dann noch 5-mal jede 9. M. verdoppeln = 60 M.
11. Rd.: 6-mal jede 10. M. verdoppeln = 66 M.
12. Rd.: zuerst die 5. M. verdoppeln, dann noch 5-mal jede 11. M. verdoppeln = 72 M.
13. Rd.: 6-mal jede 12. M. verdoppeln = 78 M.
14. Rd.: zuerst die 6. M. verdoppeln, dann noch 5-mal jede 13. M. verdoppeln = 84 M.
15. Rd.: 6-mal jede 14. M. verdoppeln = 90 M.
16. Rd.: zuerst die 7. M. verdoppeln, dann noch 5-mal jede 15. M. verdoppeln = 96 M.
17. Rd.: 6-mal jede 16. M. verdoppeln = 102 M.
18. Rd.: zuerst die 8. M. verdoppeln, dann noch 5-mal jede 17. M. verdoppeln = 108 M.
19. Rd.: 6-mal jede 18. M. verdoppeln = 114 M.
20. Rd.: zuerst die 9. M. verdoppeln, dann noch 5-mal jede 19. M. verdoppeln = 120 M.

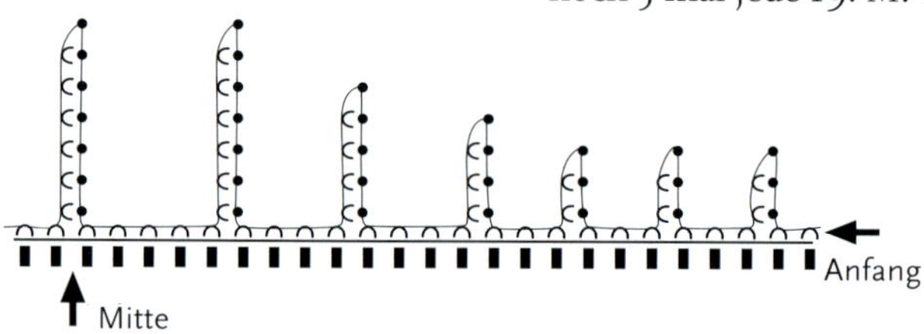

Danach über 72 M. Km. arbeiten, über die restlichen 48 M. die Haare häkeln.

Haare und Augen mit Lyric 8/8 häkeln. Die Haare mit Schwarz lt. Hs. bis zur Mitte arbeiten, dann die R. entsprechend fortsetzen, dabei die Länge der Haare gegengleich arbeiten.

Für die Augen 5 Lm. in Schwarz anschlagen, dann nacheinander 1 f.M., 2 Stb., 1 f.M. in die Lm. arbeiten, die 1. f.M. in die 2. Lm. ab Nadel häkeln. Augen mit Km. in Weiß umhäkeln.

Für den Mund mit Lyric 8/4 und Häkelnadel Nr. 2,5 ca. 47 Lm. anschlagen, dann in jede Lm. 1 Km. arbeiten, die 1. Km. in die 2. Lm. ab Nadel häkeln. Augen und Mund aufnähen.

Für den Aufhänger auf der Rückseite anketten, 17 Lm. häkeln, anketten und den Lm.-Ring mit f.M. dicht umhäkeln.

Tunesische Häkelei: gestreift, meliert, uni

MATERIAL

GESTREIFTER TOPFLAPPEN
Baumwollhäkelgarn Lyric 8/8 von Coats in Hellblau 510 und Hellgrün 588 (für ein Topflappenpaar wird je 1 Knl. benötigt); INOX-Häkelnadel Nr. 4,5 für Tunesische Häkelei

MELIERTER TOPFLAPPEN
wie »Gestreifter Topflappen«

GRÜNER TOPFLAPPEN
Baumwollhäkelgarn Lyric 8/8 von Coats in Hellgrün 588 (für ein Topflappenpaar werden 2 Knl. benötigt); INOX Häkelnadel Nr. 4,5 für Tunesische Häkelei

GESTREIFTER TOPFLAPPEN

Größe: ca. 20 x 20 cm
Grundmuster: Einfacher tunesischer Häkelstich, siehe Seite 28.
Streifenfolge: 11 R. in Hellblau, * 1 R. in Hellgrün, 1 R. in Hellblau, ab * insgesamt 5-mal arbeiten, 11 R. in Hellgrün.
Maschenprobe: 9 M. x 8,5 R. ergeben ca. 5 x 5 cm.
Ausführung: 34 Lm. in Hellblau anschlagen, im Grundmuster nach der Streifenfolge arbeiten. Danach die M. mit Hellgrün abketten, siehe Seite 29.
Umrandung: Die folgenden 3 Seiten mit Km. überhäkeln, die Rd. mit einer Km. schließen.

Dann mit 1 Lm. wenden und von der Rückseite aus noch 1 Rd. Km. häkeln, dabei jeweils nur in das vordere (= halbe) Abmaschglied der Vor-Rd. einstechen. Am Rd.-Ende für den Aufhänger 15 Lm. anschlagen, die Nadel aus der Schlinge nehmen, von der Vorderseite aus in den Eckpunkt einstechen, Schlinge durchholen und den Lm.-Ring mit f.M. dicht umhäkeln.

MELIERTER TOPFLAPPEN

Größe, Grundmuster und Maschenprobe: siehe »Gestreifter Topflappen«
Ausführung: 34 Lm. in Hellblau anschlagen, im Grundmuster arbeiten, die 1. Hin-R. in Hellblau arbeiten. Dann abwechselnd eine Rück- und eine Hin-R. in Hellgrün sowie eine Rück- und eine Hin-R. in Hellblau arbeiten. In 19 cm Höhe = nach ca. 32 R. die M. mit Hellblau abketten, siehe Seite 29. Umrandung: siehe »Gestreifter Topflappen«.

GRÜNER TOPFLAPPEN
Größe: ca. 20 x 20 cm
Grundmuster: Tunesischer Kreuzstich, versetzt, siehe Seite 29.
Maschenprobe: 10 M. x 7 R. ergeben ca. 5 x 5 cm.

Ausführung: 38 Lm. anschlagen, im Grundmuster arbeiten. In 19 cm Höhe = nach ca. 26 R. die M. abketten, siehe Seite 29.
Umrandung: siehe »Gestreifter Topflappen«.

Lehrgang Tunesische Häkelei

ALLGEMEINES ZUR TUNESISCHEN HÄKELEI

Bei dieser Häkeltechnik liegen während des Häkelns mehrere Schlingen auf der Nadel. Aus diesem Grund benötigt man spezielle Häkelnadeln, die länger sind als übliche Häkelnadeln und deren Schaft gleichmäßig stark ist. Die INOX-Häkelnadeln von der Fa. Prym sind in den Stärken 2–5 im Fachhandel erhältlich.

Bei der Tunesischen Häkelei wird immer auf der rechten Seite gearbeitet, d. h. es wird nicht gewendet. Jede R. besteht aus einer Hin- und einer Rück-R. In der Hin-R. werden die Schlingen von rechts nach links aufgefasst, in der Rück-R. von links nach rechts abgemascht.

Einfacher tunesischer Häkelstich

Die Basis bildet eine Lm.-Kette, die nicht zu fest gehäkelt werden darf.

1. Reihe:

Hin-R.: In die 2. Lm. ab Nadel einstechen und Schlinge (Schl.) durchholen (Abb. A), Schl. auf der Häkelnadel lassen. Aus jeder folgenden Lm. des Lm.-Anschlages je 1 Schl. durchholen (Abb. B).

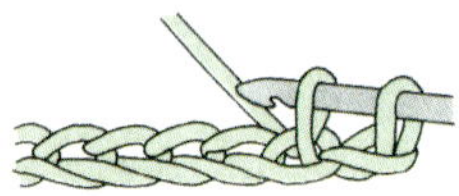

Abb. A

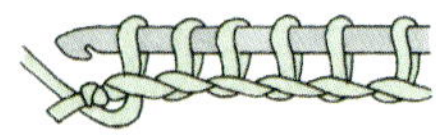

Abb. B

Rück-R.: 1 Umschlag auf die Nadel nehmen und durch eine einzelne Schl. ziehen (Abb. C), dann * 1 Umschlag auf die Nadel nehmen und durch 2 Schl. ziehen (Abb. D). Ab * fortlaufend wiederholen, bis nur noch 1 Schl. auf der Nadel liegt (Abb. E).

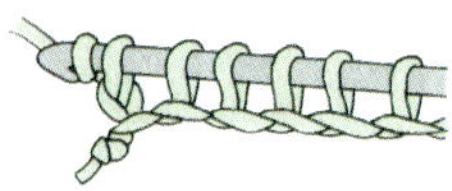

Abb. C

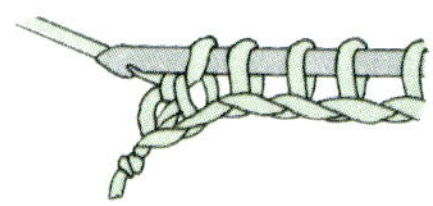

Abb. D

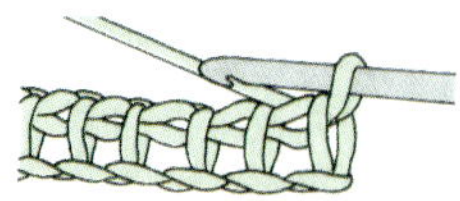

Abb. E

2. Reihe:
Hin-R.: Aus den senkrecht liegenden Maschendrähten jeweils eine Schl. auffassen (Abb. F). Aus dem 1. senkrecht liegenden Maschendraht am Rand wird keine Schl. aufgefasst. Die auf der Nadel liegende Schl. zählt als 1. Schl.

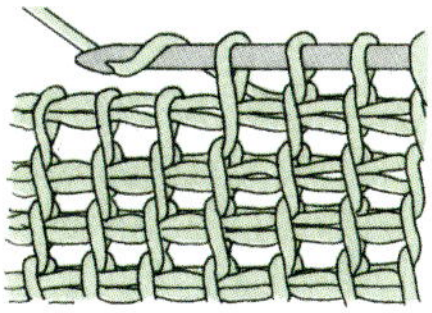
Abb. F

Rück-R.: Die Schl. wie bei der 1. Rück-R. beschrieben abm.

Die 2. R. fortlaufend wiederholen.

Abketten
Ist eine Arbeit beendet, werden die Schl. der letzten R. abgekettet. Dafür in jeden senkrecht liegenden Maschendraht von rechts nach links einstechen, einen Umschlag auf die Nadel nehmen und in einem Zug durch den senkrecht liegenden Maschendraht und die auf der Nadel liegende Schl. ziehen.

TUNESISCHER KREUZSTICH, VERSETZT

Die Basis bildet eine Lm.-Kette, die nicht zu fest gehäkelt werden darf.

1. Reihe:
wie beim einfachen, tunesischen Häkelstich beschrieben arbeiten.

2. Reihe:
Hin-R: den 1. senkrecht liegenden Maschendraht am Rand übergehen, dann die Maschendrähte verkreuzen, dafür fortlaufend aus dem folgenden 2. senkrecht liegenden Maschendraht 1 Schl. durchholen, dann aus dem übergangenen Maschendraht 1 Schl. durchholen. Am R.-Ende aus dem letzten senkrecht liegenden Maschendraht noch 1 Schl. durchholen.
Rück-R: wie beim einfachen tunesischen Häkelstich beschrieben arbeiten.

3. Reihe:
Hin-R: den 1. senkrecht liegenden Maschendraht am Rand übergehen, aus dem folgenden Maschendraht 1 Schl. durchholen, dann mit dem Verkreuzen beginnen.
Rück-R: wie beim einfachen tunesischen Häkelstich beschrieben arbeiten.
Die 2. + 3. R. fortlaufend wiederholen.

Abketten
siehe einfacher tunesischer Häkelstich.

Jeans

MATERIAL

Baumwollhäkelgarn Blue Jeans in Hellblau 52 von Schachenmayr (für ein Topflappenpaar werden 3 Knl. benötigt); Anchor Sticktwist von Coats in Ocker 309; Häkelnadel Nr. 4,0; Knopf

Größe: ca. 20 x 17 cm
Grundmuster: Mit doppeltem Faden lt. Zm. f.M. in Hin- und Rück-R. arbeiten. Arbeiten nach Zm. siehe »Allgemeine Hinweise« auf Seite 6.
Maschenprobe: 9 M. x 10 R. ergeben 5 x 5 cm.
Ausführung: Die Hose zweiteilig arbeiten. 17 Lm. anschlagen, bei Pfeil A beginnen, die 1. f.M. in die 2. Lm. ab Nadel häkeln = 16 f.M. in der 1. R. Für die Beinschräge am linken Seitenrand zunehmen, dann an der dick eingezeichneten Linie gerade hoch arbeiten. In der 21. R. mit den Abnahmen für den Tascheneingriff beginnen. Dafür nach der 20. R. den Faden abschneiden. In der 21. R. den Faden durch die mit Pfeil gekennzeichnete M. durchholen, dann lt. Zm. weiterarbeiten. Die 2. Hälfte bei Pfeil B beginnen. Für die Beinschräge am rechten Seitenrand zunehmen. In der 5. R. 4 M. zunehmen, dann an der gestrichelten Linie gerade hoch arbeiten. Nach der 21. R. den Faden abschneiden. In der 22. R. den Faden durch die mit Pfeil gekennzeichnete M. durchholen, dann lt. Zm. weiterarbeiten. Für die Ergänzungsteile unter den Taschen (siehe gestrichelte Linien) jeweils 11 Lm. anschlagen und 12 R. f.M. häkeln.

Den Hosenbund ebenfalls zweiteilig arbeiten. 19 Lm. anschlagen, bei Pfeil C beginnen = 18 f.M. pro R. Nach der 5. R. die vordere Kante mit Km. überhäkeln. Für das unten liegende Teil 22 Lm. anschlagen, bei Pfeil D beginnen = 21 f.M. pro R. (= 3 M. mehr für den Untertritt).

Taschenkanten, innere Beinkanten und bei dem oben aufliegenden Teil die vordere Kante mit Km. überhäkeln. Dann die Stepplinien mit ganzfädigem Sticktwist aufsticken, siehe auch Foto. Die Ergänzungsteile unter die Hosenteile legen und die Seitenkanten mit Km. überhäkeln, dabei

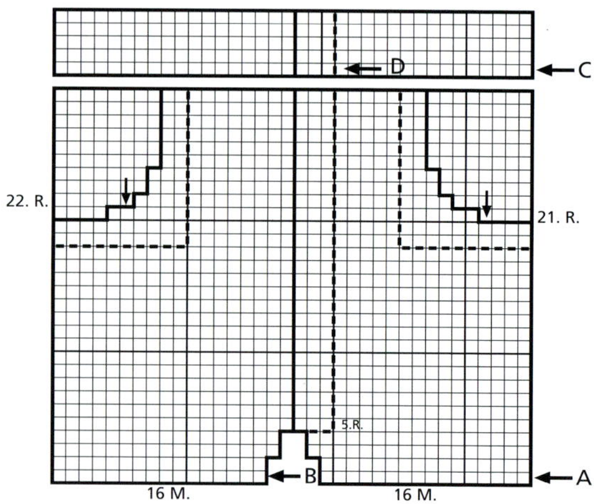

die beiden Teile jeweils miteinander verbinden. Ergänzungsteile auf der Rückseite festnähen. Die Bundteile mit Steppstichen auf die Hosenteile nähen, dabei zwischen der 1. + 2. R. der Bundteile und der letzten und vorletzten R. der Hosenteile einstechen. An der oberen Kante der Bundteile ebenfalls eine Steppstichlinie arbeiten. Teile übereinander legen und von der Rückseite zusammennähen. Für den Aufhänger an der rechten oberen Ecke einstechen, Schlinge durchholen, 12 Lm. anschlagen, Nadel aus der Schlinge nehmen, in den Eckpunkt einstechen, Schlinge durchholen und den Lm.-Ring mit f.M. dicht umhäkeln. Knopf aufnähen.

Kinderleicht

MATERIAL

STREIFEN
Baumwollhäkelgarn Lyric 8/8 von Coats in Orange 537, Gelb 524 und Türkis 557 (für ein Topflappenpaar wird jeweils 1 Knl. pro Farbe benötigt); Häkelnadel Nr. 3,5

RINGEL
Baumwollhäkelgarn Lyric 8/8 von Coats in Orange 537, Gelb 524, Türkis 557 und Grün 512 (für ein Topflappenpaar wird jeweils 1 Knl. pro Farbe benötigt); Häkelnadel Nr. 3,5

STREIFEN

Größe: ca. 20 x 19 cm
Grundmuster: Lt. Zm. f.M. in Hin- und Rück-R. arbeiten. Arbeiten nach Zm. siehe »Allgemeine Hinweise« auf Seite 6.
Maschenprobe: 10 M. x 10 R. ergeben 5 x 5 cm.
Ausführung: 41 Lm. in Orange anschlagen. Im Grundmuster arbeiten, beim Pfeil beginnen, die 1. f.M. in die 2. Lm. ab Nadel häkeln = 40 f.M. pro R. Am Ende der letzten R. (= Hin-R.) für den Aufhänger 15 Lm. anschlagen, die Nadel aus der Schlinge nehmen, von der Vorderseite aus in die zuletzt gehäkelte f.M. einstechen, Schlinge durchholen und den Lm.-Ring mit f.M. dicht umhäkeln.

RINGEL

Größe: ca. 20 x 19 cm
Häkelschriftzeichen auf Seite 7
Grundmuster: abwechselnd 1 R. Stb. (= Hin-R.) und 1 R. f.M. (= Rück-R.) häkeln. Die Ränder wie in der Hs. gezeichnet arbeiten.
Streifenfolge: * 1 R. Stb. in Orange, 1 R. f.M. in Grün, 1 R. Stb. in Gelb, 1 R. f.M. in Türkis, ab * fortlaufend wiederholen.
Maschenprobe: 12 M. x 8 R. ergeben ca. 6 x 6 cm.
Ausführung: 43 Lm. in Orange anschlagen. Dann im Grundmuster nach der Streifenfolge und Häkelschrift arbeiten, dabei in der 1. R. das 1. Stb. in die 4. Lm. ab Nadel häkeln. Am Anfang und Ende der R. den Faden ca. 10 cm lang hängen lassen. In 19 cm Höhe mit einer Hin-R. Stb. in Orange enden. Nach dem letzten Stb. für den Aufhänger 15 Lm. anschlagen, die Nadel aus der Schlinge nehmen, von der Vorderseite aus in das zuletzt gehäkelte Stb. einstechen, Schlinge durchholen und den Lm.-Ring mit f.M. dicht umhäkeln.

Den Anfangsfaden vernähen, dann an den Rändern jeweils 2 Fäden zu einem Knoten verschlingen, den Knoten dicht an die Rand-M. schieben, fest anziehen, Fadenenden abschneiden.

Ringel

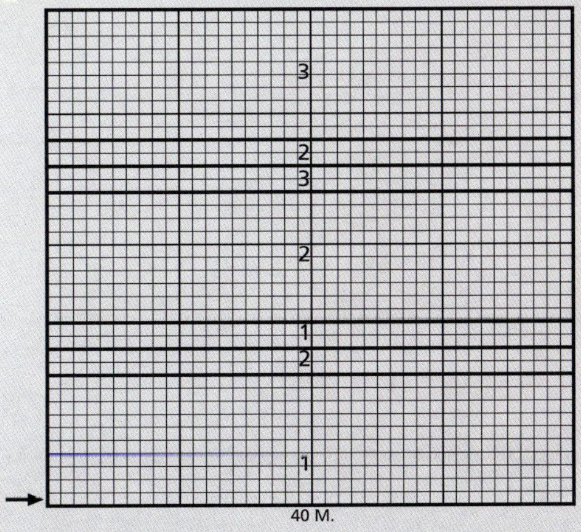

Streifen

1 = orange
2 = gelb
3 = türkis

Tasse

Größe: ca. 19,5 x 16 cm
Grundmuster: Lt. Zm. f.M. in Hin- und Rück-R. häkeln. Arbeiten nach Zm. siehe »Allgemeine Hinweise« auf Seite 6. Für das Jacquardmuster den unbenutzten Faden jeweils mit dem Arbeitsfaden überhäkeln, beim Farbwechsel die letzte M. einer Farbe jeweils mit der folgenden Farbe abm.
Maschenprobe: 10 M. x 10 R. ergeben 5 x 5 cm.
Ausführung: 21 Lm. in Creme anschlagen. Im Grundmuster arbeiten, beim Pfeil beginnen = 20 f.M. in der 1. R. Nach der letzten gezeichneten R. noch eine R. Km. in Blau anfügen. Die cremefarbenen R. der Tasse mit Km. in Creme überhäkeln, dabei am unteren Rand eine Km.-Linie zwischen der 2. + 3. R. arbeiten. Kettmaschenlinien aufhäkeln, siehe »Allgemeine Hinweise« auf Seite 7. Für den Henkel 17 Lm. in Creme anschlagen, dann 1 R. f.M. arbeiten, dabei die 1. f.M. in die 2. Lm. ab Nadel häkeln. In der 2. R. erneut f.M. in die Lm. des Lm.-Anschlages arbeiten, dabei werden die zuvor gehäkelten f.M. umhäkelt, es entsteht ein dickes Band. Bandenden auf der Rückseite festnähen.

MATERIAL

Baumwollhäkelgarn Lyric 8/8 von Coats in Creme 502 und Blau 555 (für ein Topflappenpaar werden 2 Knl. in Creme und 1 Knl. in Blau benötigt); Häkelnadel Nr. 3,5

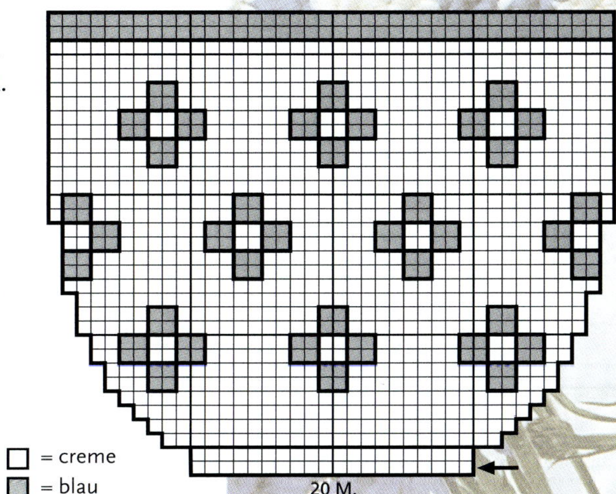

Kachel

MATERIAL

Baumwollhäkelgarn Lyric 8/8 von Coats in Creme 502 und Blau 555 (für ein Topflappenpaar werden je 1 Knl. in Creme und 1 Knl. in Blau benötigt); Häkelnadel Nr. 3,5

Größe: ca. 21 x 21 cm

Grundmuster: Lt. Zm. f.M. in Hin- und Rück-R. häkeln. Arbeiten nach Zm. siehe »Allgemeine Hinweise« auf Seite 6. Für das Jacquardmuster den unbenutzten Faden jeweils mit dem Arbeitsfaden überhäkeln, beim Farbwechsel die letzte M. einer Farbe jeweils mit der folgenden Farbe abm. Bei den R. ohne Jacquardmuster beim Farbwechsel die Fäden miteinander verkreuzen.

Maschenprobe: 10 M. x 10 R. ergeben 5 x 5 cm.

Ausführung: 41 Lm. anschlagen = 20 Lm. in Creme + 21 Lm. in Blau. Im Grundmuster arbeiten, beim Pfeil beginnen = 40 f.M. pro R. In der 2. R. nach der letzten cremefarbenen M. den cremefarbenen Faden bis zum R.-Ende mit dem blauen Faden überhäkeln (im Zm. durch eine durchgezogene Linie mit Pfeil gekennzeichnet). Somit liegen für das Jacquardmuster beide Farben am R.-Anfang. In der 19. + 20. R. ebenso verfahren. In der 21., 22. und 39. R. den blauen Faden mit dem cremefarbenen Faden überhäkeln. Nach der letzten R. Teil wenden und Topflappen mit Km. in der entsprechenden Farbe umhäkeln, dafür mit mehreren Knl. arbeiten und nach der letzten M. einer Farbe den Faden hängen lassen. Rd. mit einer Km. schließen. Dann mit einer Lm. wenden und von der Rückseite aus noch 1 Rd. Km. häkeln, dabei in das vordere (= halbe) Abmaschglied der Vor-Rd. einstechen. Am Rd.-Ende für den Aufhänger 15 Lm. anschlagen, die Nadel aus der Schlinge nehmen, Teil wenden, auf der Vorderseite in den Eckpunkt einstechen, Schlinge durchholen und den Lm.-Ring mit f.M. dicht umhäkeln.

☐ = creme
■ = blau

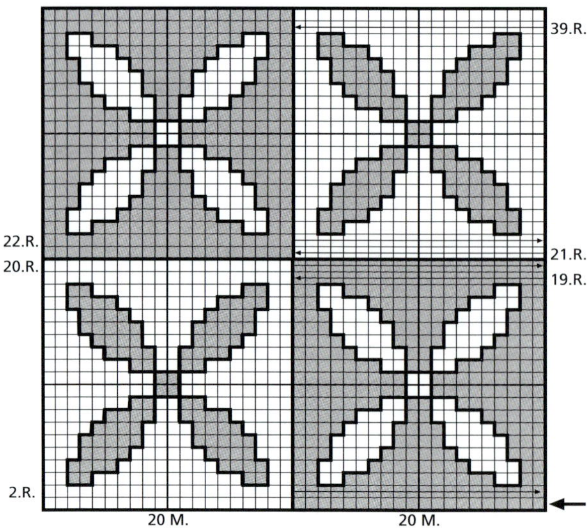

Häuschen

MATERIAL

Baumwollhäkelgarn Lyric 8/8 in Dunkelgrün 556 *, Beige 503, Blau 511*, Hellblau 509*, Rotbraun 565; Baumwollhäkelgarn Lyric 8/4 in Blau 511* (für ein Topflappenpaar wird je 1 Knl. benötigt, für die mit * gekennzeichneten Farben reichen Garnreste in entsprechender Stärke); Rest Anchor Sticktwist in Rot, Grün und Dunkelgrau, alle Garne von Coats; Häkelnadel Nr. 3,5 und 2,5

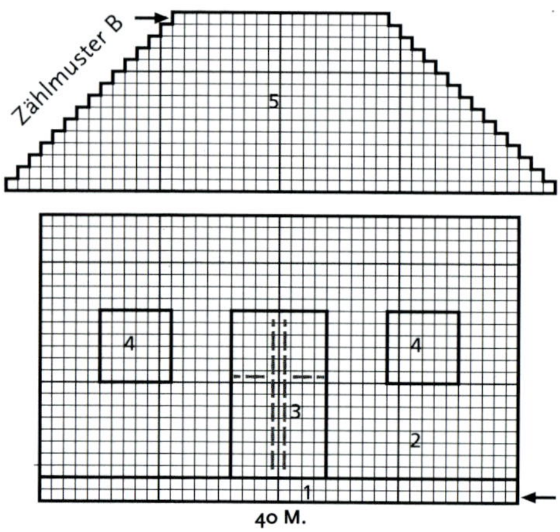

Zählmuster A

1 = dunkelgrün
2 = beige
3 = blau
4 = hellblau
5 = rotbraun

Größe: ca. 20 x 17,5 cm
Grundmuster I: Lt. Zm. f.M. in Hin- und Rück-R. häkeln. Arbeiten nach Zm. siehe »Allgemeine Hinweise« auf Seite 6. Die Farbflächen mit mehreren Knl. arbeiten. Beim Farbwechsel die Fäden auf der Rückseite verkreuzen und die letzte M. einer Farbe jeweils mit der folgenden Farbe abm.
Maschenprobe: 10 M. x 11 R. ergeben 5 x 5 cm.
Grundmuster II: Lt. Zm. f.M. in Hin- und Rück-R. häkeln, dabei ab der 2. R. die f.M. jeweils in das hintere (= halbe) Abmaschglied der Vor-R. häkeln.
Ausführung: 41 Lm. in Dunkelgrün anschlagen. Im Grundmuster I lt. Zm. A arbeiten, beim Pfeil beginnen = 40 f.M. pro R. Für das Dach 19 Lm. anschlagen. Im Grundmuster II lt. Zm. B arbeiten. An der oberen Dachkante beginnen, siehe Pfeil, die 1. f.M. in die 2. Lm. ab Nadel häkeln = 18 f.M. in der 1. R. Das Dach mit Vorstichen so auf das Haus nähen, dass es beidseitig gleichmäßig übersteht, dabei jeweils zwischen der letzten und vorletzten R. von Haus und Dach ein- und ausstechen. Für die Fensterläden 4 Lm. mit Lyric 8/4 in Blau mit Häkelnadel Nr. 2,5 anschlagen und f.M. in Hin- und Rück-R. häkeln, dabei ab der 2. R. die f.M. in das hintere (= halbe) Abmaschglied der Vor-R. arbeiten. Nach der 8. R. die Fensterläden mit Km. umhäkeln. Mit dem gleichen Garn an der oberen Kante der Fenster Km.-Linien aufhäkeln, siehe »Allgemeine Hinweise«

auf Seite 7. Fensterläden an der Innenkante entlang an die Fenster nähen.

Mit dem dickeren blauen Garn das Fensterkreuz mit Spannstichen aufsticken. Die Blümchen mit ganzfädigem Sticktwist aufsticken, dafür an der unteren Kante der Fenster Spannstiche in Grün ganz dicht aufsticken, dann mit Rot einige Knötchenstiche sticken. Mit Dunkelgrau unterhalb des Grüns eine Steppstichlinie mit doppeltem Faden aufsticken.

Mit einem Rest dunkelblauem Garn Steppstiche lt. Zm. A auf die Tür sticken, die Fensterläden jeweils oben und unten mit Spannstichen festnähen.

Für den Aufhänger in der Mitte der Dachkante anketten, 15 Lm. häkeln, die Nadel aus der Schlinge nehmen, in die Ankettstelle einstechen, Schlinge durchholen und den Lm.-Ring mit f.M. dicht umhäkeln.

Erdbeere

Katz' und Maus

MATERIAL

Baumwollhäkelgarn Lyric 8/8 in Creme 502 (für ein Topflappenpaar werden 2 Knl. benötigt), Anchor Sticktwist in Schwarz und Weiß, alle Garne von Coats; Häkelnadeln Nr. 3,5, 2,5 und 1,75

KATZE

Größe: ca. 20 cm ø
Häkelschriftzeichen auf Seite 7
Grundmuster: f.M. in Rd. häkeln, dabei die Rd. spiralförmig ausführen. Zur Kontrolle der Maschenzahl empfiehlt es sich, nach der letzten M. einer Rd. einen Faden in einer Kontrastfarbe einzulegen, dann die folgende Rd. arbeiten. Am Rd.-Ende den Faden entfernen und bei jedem Rd.-Anfang neu einlegen.
Maschenprobe: 5 Rd. ergeben 5 cm ø.
Ausführung: Den *Kopf* im Grundmuster arbeiten.

1. Rd.: in einen Fadenring (siehe Seite 6) 2 Lm. + 7 f.M. arbeiten = 8 M.
2. Rd.: 4-mal jede 2. M. verdoppeln = 12 M.
3. Rd.: 6-mal jede 2. M. verdoppeln = 18 M.
4. Rd.: 6-mal jede 3. M. verdoppeln = 24 M.
5. Rd.: 6-mal jede 4. M. verdoppeln = 30 M.
6. Rd.: zuerst die 2. M. verdoppeln, dann noch 5-mal jede 5. M. verdoppeln = 36 M.
7. Rd.: 6-mal jede 6. M. verdoppeln = 42 M.
8. Rd.: zuerst die 3. M. verdoppeln, dann noch 5-mal jede 7. M. verdoppeln = 48 M.
9. Rd.: 6-mal jede 8. M. verdoppeln = 54 M.
10. Rd.: zuerst die 4. M. verdoppeln, dann noch 5-mal jede 9. M. verdoppeln = 60 M.
11. Rd.: 6-mal jede 10. M. verdoppeln = 66 M.
12. Rd.: zuerst die 5. M. verdoppeln, dann noch 5-mal jede 11. M. verdoppeln = 72 M.
13. Rd.: 6-mal jede 12. M. verdoppeln = 78 M.
14. Rd.: zuerst die 6. M. verdoppeln, dann noch 5-mal jede 13. M. verdoppeln = 84 M.
15. Rd.: 6-mal jede 14. M. verdoppeln = 90 M.
16. Rd.: zuerst die 7. M. verdoppeln, dann noch 5-mal jede 15. M. verdoppeln = 96 M.
17. Rd.: 6-mal jede 16. M. verdoppeln = 102 M.
18. Rd.: zuerst die 8. M. verdoppeln, dann noch 5-mal jede 17. M. verdoppeln = 108 M.
19. Rd.: 6-mal jede 18. M. verdoppeln = 114 M.

Bei der letzten Zunahmestelle zwischen den beiden f.M. für den Aufhänger 15 Lm. häkeln und die 20. Rd. anfügen.

20. Rd.: zuerst die 9. M. verdoppeln, dann noch 5-mal jede 19. M. verdoppeln = 120 M.

Nach der 20. Rd. den Lm.-Ring für den Aufhänger mit f.M. dicht umhäkeln.

Aceto di
Miele Italiano

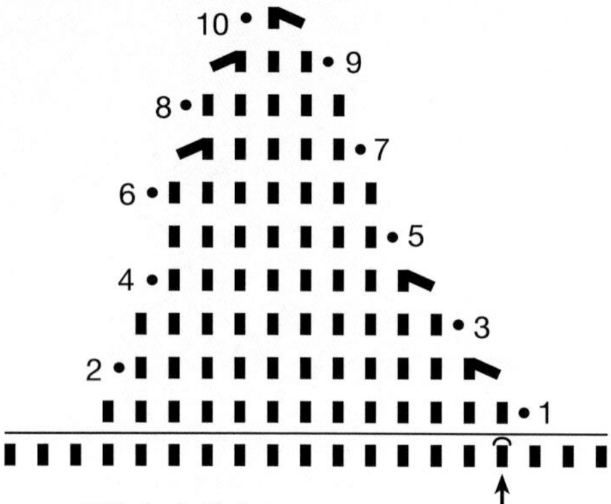

Häkelschrift A

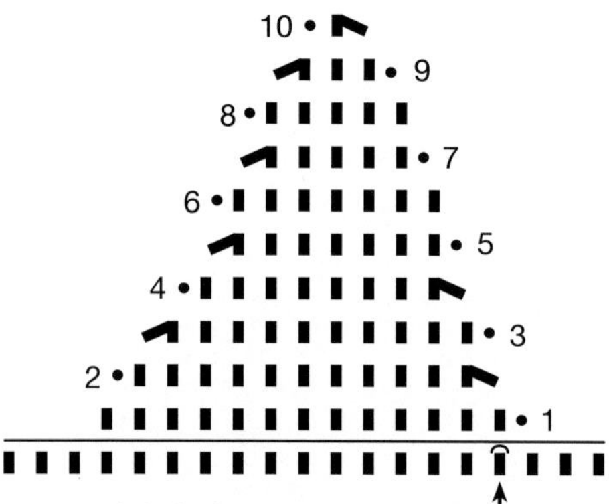

Häkelschrift B

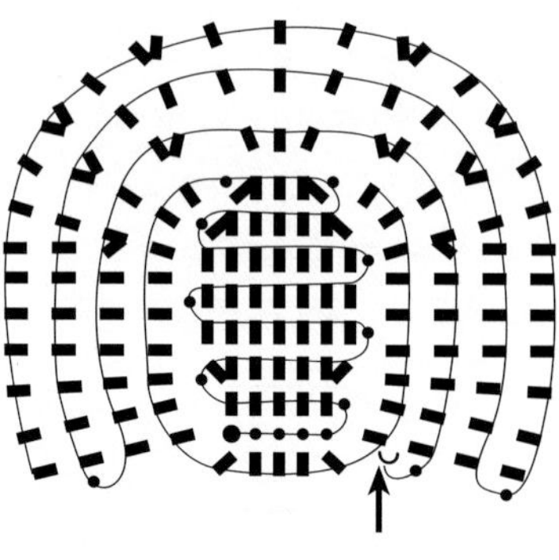

Häkelschrift »Mäuseohr«

Die *Ohren* lt. Hs. in Hin- und Rück-R. arbeiten. Unterhalb der Linie sind einige M. der 20. Rd. gezeichnet. Für das linke Ohr der Katze an die 22. M. vor dem Aufhänger anketten, Ohr lt. Hs. A arbeiten. Für das rechte Ohr der Katze an die 10. M. nach dem Aufhänger anketten, Ohr lt. Hs. B arbeiten.

Die *Augen* mit schwarzem Sticktwist und Nadel Nr. 1,75 häkeln. In einen Fadenring (siehe Seite 6) 25 Dstb. häkeln, davon das 1. Dstb. durch 4 Lm. ersetzen, Rd. mit einer Km. schließen. Mit weißem Sticktwist in einen Fadenring 10 h.Stb. arbeiten, davon das 1. h.Stb. durch 2 Lm. ersetzen.

Die *Nase* mit doppeltem Sticktwistfaden in Schwarz und Nadel Nr. 2,5 arbeiten. 6 Lm. anschlagen, eine f.M. in die 2. Lm. ab Nadel häkeln, in die folgende Lm. 1 h.Stb., in die nächste Lm. 1 Stb., 1 Lm., 1 Dstb., 1 Lm., 1 Stb., in die folgende Lm. 1 h.Stb., in die letzte Lm. 1 f.M. arbeiten. Augen und Nase aufnähen.

Barthaare und *Mund* lt. Abb. mit schwarzem Sticktwist in Stielstich aufsticken.

MAUS

Größe: ca. 20 cm ø
Häkelschriftzeichen auf Seite 7
Grundmuster: siehe Modell Katze
Maschenprobe: 5 Rd. ergeben 5 cm ø.
Ausführung: Den Kopf im Grundmuster arbeiten.

1. Rd.: in einen Fadenring (siehe Seite 6) 2 Lm. + 7 f.M. arbeiten = 8 M.
2. Rd.: 4-mal jede 2. M. verdoppeln = 12 M.
3. Rd.: 6-mal jede 2. M. verdoppeln = 18 M.
4. Rd.: 6-mal jede 3. M. verdoppeln = 24 M.
5. Rd.: 6-mal jede 4. M. verdoppeln = 30 M.
6. Rd.: zuerst die 2. M. verdoppeln, dann noch 5-mal jede 5. M. verdoppeln = 36 M.

MATERIAL

Baumwollhäkelgarn Lyric 8/8 in Grau 591 und Rosa 507 (für ein Topflappenpaar werden 2 Knl. in Grau und 1 Knl. in Rosa benötigt), Anchor Sticktwist in Schwarz, alle Garne von Coats; Häkelnadel Nr. 3,5 und 1,75

7. Rd.: 6-mal jede 6. M. verdoppeln = 42 M.
8. Rd.: zuerst die 3. M. verdoppeln, dann noch 5-mal jede 7. M. verdoppeln = 48 M.
9. Rd.: 6-mal jede 8. M. verdoppeln = 54 M.
10. Rd.: zuerst die 4. M. verdoppeln, dann noch 5-mal jede 9. M. verdoppeln = 60 M.
11. Rd.: 6-mal jede 10. M. verdoppeln = 66 M.
12. Rd.: zuerst die 5. M. verdoppeln, dann noch 5-mal jede 11. M. verdoppeln = 72 M.
13. Rd.: 6-mal jede 12. M. verdoppeln = 78 M.
14. Rd.: zuerst die 6. M. verdoppeln, dann noch 5-mal jede 13. M. verdoppeln = 84 M.
15. Rd.: 6-mal jede 14. M. verdoppeln = 90 M.
16. Rd.: zuerst die 7. M. verdoppeln, dann noch 5-mal jede 15. M. verdoppeln = 96 M.
17. Rd.: 6-mal jede 16. M. verdoppeln = 102 M.
18. Rd.: zuerst die 8. M. verdoppeln, dann noch 5-mal jede 17. M. verdoppeln = 108 M.
19. Rd.: 6-mal jede 18. M. verdoppeln = 114 M.

Bei der letzten Zunahmestelle zwischen den beiden f.M. für den Aufhänger 15 Lm. häkeln und die 20. Rd. anfügen.

20. Rd.: zuerst die 9. M. verdoppeln, dann noch 5-mal jede 19. M. verdoppeln = 120 M.

Nach der 20. Rd. den Lm.-Ring für den Aufhänger mit f.M. dicht umhäkeln.

Die *Ohren* lt. Hs. arbeiten. Mit Rosa beginnen, dick gezeichneter Punkt = Anfangs-Lm. 6 Lm. anschlagen, die 1. f.M. in die 2. Lm. ab Nadel häkeln. Nach der 7. R. die seitlichen Ränder und den unteren Rand der dünnen Linie folgend umhäkeln. Anschließend mit Grau beim Pfeil neu anketten und noch 3 R. arbeiten. Die Ohren zwischen der 9. und 19. M. unter die letzte Rd. vom Kopf nähen.

Die *Augen* mit schwarzem Sticktwist und Nadel Nr. 1,75 häkeln. In einen Fadenring (siehe Seite 6) 30 dreif. Stb. arbeiten, davon das 1. dreif. Stb. durch 5 Lm. ersetzen. Mit weißem Sticktwist in einen Fadenring 10 h.Stb. arbeiten, davon das 1. h.Stb. durch 2 Lm. ersetzen. Für die *Nase* mit schwarzem Sticktwist in einen Fadenring 20 Stb. arbeiten, davon das 1. Stb. durch 3 Lm. ersetzen.

Augen und Nase aufnähen. *Barthaare* und *Mund* lt. Abb. mit schwarzem Sticktwist im Stielstich aufsticken.

Ringelmuster

MATERIAL

Baumwollhäkelgarn Lyric 8/8 in Weiß 500, Gelb 524, Rot 508 und Blau 511 von Coats (für jedes Topflappenpaar werden 1 Knl. in Weiß und 1 Knl. in Farbe benötigt); Häkelnadel Nr. 3,5

RINGELMUSTER

Größe: Kreis = 20 cm ø, Quadrat = 19,5 x 19,5 cm, Sechseck = 21 cm ø

Häkelschriftzeichen auf Seite 7

Grundmuster: f.M. in Rd. nach der Streifenfolge arbeiten. Am Anfang jeder Rd. die 1. f.M. durch 2 Lm. ersetzen. Die Rd. jeweils mit einer Km. in die 2. Ersatz-Lm. schließen. Beim Farbwechsel die Km. zum Schließen der Rd. bereits in der folgenden Farbe ausführen. Für die Zunahmen die in der Anleitung angegebene M. verdoppeln, d. h. 2 f.M. in dieselbe M. der Vor-Rd. arbeiten.

Streifenfolge Kreis: 2 Rd. in Weiß, 2 Rd. in Gelb

Streifenfolge Quadrat: 2 Rd. in Weiß, 2 Rd. in Rot

Streifenfolge Sechseck: 2 Rd. in Weiß, 2 Rd. in Blau

Maschenprobe:

Kreis: 5 Rd. ergeben 5 cm ø.

Sechseck: 5,5 Rd. ergeben 5 cm ø.

Quadrat: 5 Rd. ergeben 5 cm ø.

KREIS

Im Grundmuster nach der Streifenfolge arbeiten, mit Weiß beginnen. Die 1.–18. Rd. wie beim Modell Katze beschrieben arbeiten.

19. Rd.: 6-mal jede 18. M. verdoppeln = 114 M. Nach der 19. Rd. für den Aufhänger 20 Lm. häkeln und die 20. Rd. anfügen.

20. Rd.: zuerst die 10. M. verdoppeln, dann noch 5-mal jede 19. M. verdoppeln = 120 M.

Nach der 20. Rd. den Lm.-Ring für den Aufhänger mit f.M. dicht umhäkeln.

QUADRAT

Lt. Hs. im Grundmuster nach der Streifenfolge arbeiten, mit Weiß beginnen. In der 1. Rd. in einen Fadenring (siehe Seite 6) 2 Lm., 7 f.M. arbeiten = 8 M. Ab der 2. Rd. die Zunahmen an den Ecken lt. Hs. ausführen. Die Hs. zeigt die ersten 5 Rd. Danach die Zunahmen entsprechend fortsetzen. Nach der 20. Rd. in Rot enden. Für den Aufhänger an einer Ecke neu anketten, 20 Lm. häkeln, dann Nadel aus der Schlinge nehmen, in die Ankettstelle einstechen, Schlinge durchholen und die Lm. mit f.M. dicht umhäkeln.

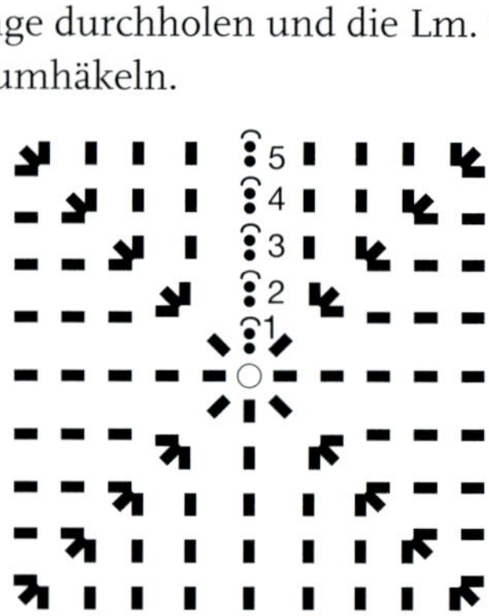

SECHSECK

Im Grundmuster nach der Streifenfolge arbeiten, mit Weiß beginnen.

1. Rd.: In einen Fadenring (siehe Seite 6) 2 Lm + 5 f.M. arbeiten = 6 M.
2. Rd.: 6-mal jede M. verdoppeln = 12 M.
3. Rd.: 6-mal jede 2. M. verdoppeln = 18 M.
4. Rd.: 6-mal jede 3. M. verdoppeln = 24 M.
5. Rd.: 6-mal jede 4. M. verdoppeln = 30 M.
6. Rd.: zuerst die 4. M. verdoppeln, dann noch 5-mal jede 5. M. verdoppeln = 36 M.

Ab der 7. Rd. die Zunahmestellen weiterhin über den Zunahmestellen der Vor-Rd. arbeiten, dabei die Zunahmestellen in den ungeraden Rd. in die hintere M., in den geraden Rd. in die vordere M. der Zunahmestelle arbeiten.

Nach der 24. Rd. (= 144 M.) in Blau enden. Den Aufhänger wie beim Quadrat beschrieben arbeiten.

Sonnenblume

MATERIAL

Baumwollhäkelgarn Lyric 8/8 in Braun 513 und Gelb 524 von Coats (für ein Topflappenpaar werden 1 Knl. in Braun und 2 Knl. in Gelb benötigt); Häkelnadel Nr. 3,5

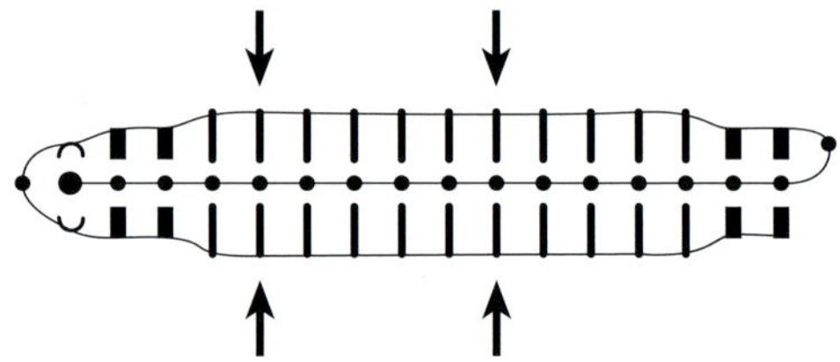

Größe: ca. 22 cm ø
Häkelschriftzeichen auf Seite 7
Ausführung: Für die Blütenmitte einen Kreis in Braun arbeiten.

1. Rd.: in einen Fadenring (siehe Seite 6) 12 f.M. arbeiten.
2. Rd.: 6-mal jede 2. M. verdoppeln = 18 M.
3. Rd.: 6-mal jede 3. M. verdoppeln = 24 M.
4. Rd.: 6-mal jede 4. M. verdoppeln = 30 M.
5. Rd.: zuerst die 3. M. verdoppeln, dann noch 5-mal jede 5. M. verdoppeln = 36 M.
6. Rd.: 6-mal jede 6. M. verdoppeln = 42 M.
7. Rd.: zuerst die 4. M. verdoppeln, dann noch 5-mal jede 7. M. verdoppeln = 48 M.
8. Rd.: 6-mal jede 8. M. verdoppeln = 54 M. = ca. 8,5 cm ø

Die Blütenblätter in Gelb lt. Hs. arbeiten. 17 Lm. anschlagen, dicker Punkt = Anfangs-Lm. Dann den Lm.-Anschlag beidseitig überhäkeln, dabei die 1. f.M. in die 2. Lm. ab Nadel häkeln. Insgesamt 36 Blätter arbeiten.

Je 18 Blätter zu einem Blätterkranz miteinander verbinden, dafür jeweils 2 Blätter nebeneinander legen und an den unteren 3 M. gegeneinander nähen.

Anschließend die beiden Blätterkränze versetzt übereinander legen und am Innenrand mit Km. zusammenhäkeln, dabei über jedem Blatt 2 Km. arbeiten = 1-mal in der Mitte des Blattes und 1-mal zwischen 2 Blättern einstechen. Die oben liegenden Blätter auf die unten liegenden Blätter nähen, dafür die in der Hs. mit Pfeilen gekennzeichneten M. mit einem kurzen Stich umfassen, d. h. unterhalb der Abmaschglieder ein- bzw. ausstechen und mit diesem Stich das unten liegende Blatt erfassen. Die Blütenmitte mit Vorstichen auf den Blätterkranz nähen, dabei unterhalb der Abmaschglieder ein- und ausstechen.

Schmetterling

MATERIAL

Baumwollhäkelgarn Lyric 8/8 in Gelb 524, Orange 537 und Rot 508 von Coats (für ein Topflappenpaar werden 2 Knl. in Gelb und je 1 Knl. in Orange und Rot benötigt); Häkelnadel Nr. 3,5

Größe: 25 x 18 cm
Häkelschriftzeichen auf Seite 7
Grundmuster: Lt. Zm. f.M. in Hin- und Rück-R. arbeiten. Arbeiten nach Zm. siehe »Allgemeine Hinweise« auf Seite 6.
Maschenprobe: 10 M. x 10 R. ergeben ca. 5 x 5 cm.

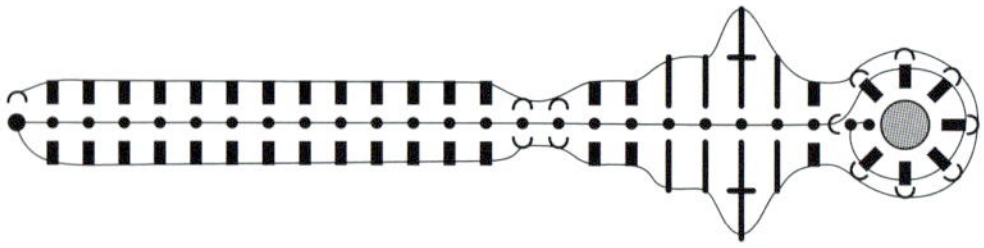

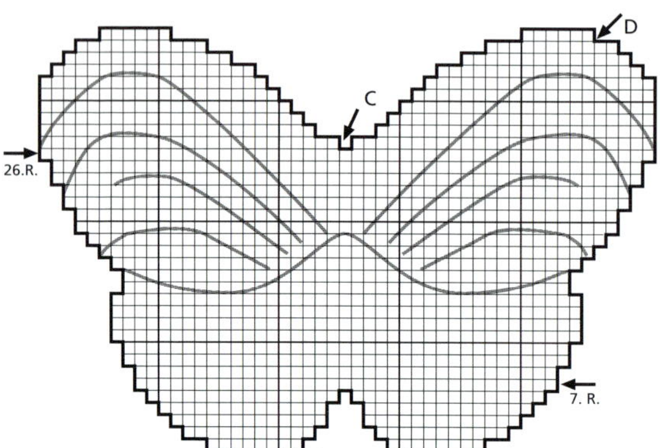

Ausführung: Lt. Zm. im Grundmuster arbeiten. 5 Lm. in Gelb anschlagen, bei Pfeil A beginnen = 4 f.M. in der 1. R. Nach 6 R. das Teil stilllegen. Den rechten Flügel bei Pfeil B beginnen. Mit der 7. R. die beiden Teile miteinander verbinden, dafür zwischen den beiden Teilen 1 f.M. mit Fußschlinge arbeiten, siehe Seite 7. Nach der 26. R. zuerst die rechte Flügelhälfte beenden. Dann bei Pfeil C neu anketten und die linke Hälfte häkeln. Schmetterling mit Km. umhäkeln. In der oberen Mitte beginnen und den linken oberen Flügel überhäkeln, fortlaufend entlang der grau eingezeichneten Trennungslinie zwischen den beiden Flügeln eine Km.-Linie auf den Schmetterlingskörper häkeln. Kettmaschenlinien aufhäkeln, siehe Seite 7. Im Anschluss den rechten oberen Flügel mit Km. überhäkeln. Bei Pfeil D für den Aufhänger 15 Lm. häkeln, Nadel aus der Schlinge nehmen, in die letzte Einstichstelle einstechen, Schlinge durchholen und die Lm. mit f.M. dicht umhäkeln. Die unteren Flügel mit Km. überhäkeln.

Für die Kreise f.M. in Rd. arbeiten, dabei am Anfang jeder Rd. die 1. f.M. durch 2 Lm. ersetzen, Rd. mit einer Km. in die 2. Ersatz-Lm. schließen. Beim Farbwechsel die letzte M. bereits mit der folgenden Farbe abm. Die 1.+2. Rd. in Rot, die 3.+ 4. Rd. in Orange arbeiten, dabei in der 3. Rd. die f.M. in das hintere (= halbe) Abmaschglied der Vor-Rd. häkeln.

1. Rd.: in einen Fadenring (siehe Seite 6) 2 Lm.+ 11 f.M. arbeiten = 12 M.
2. Rd.: 6-mal jede 2. M. verdoppeln = 18 M.
3. Rd.: 6-mal jede 3. M. verdoppeln = 24 M.
4. Rd.: 6-mal jede 4. M. verdoppeln = 30 M.

Den Schmetterlingskörper lt. Hs. arbeiten. In einen Fadenring 2 Lm. + 7 f.M. arbeiten, dann der dünnen Linie folgend weiterhäkeln.

Körper und Kreise aufnähen. Km.-Linien lt. Foto bzw. Zm. in Orange und Rot aufhäkeln.

Strukturmuster

MATERIAL

Baumwollhäkelgarn Lyric 8/8 in Türkis 557, Grün 512 und Gelbgrün 590 von Coats (für ein Topflappenpaar werden je 2 Knl. benötigt); Häkelnadel Nr. 3,5.

Größe: 20 x 20 cm
Häkelschriftzeichen auf Seite 7
Grundmuster: f.M. in Hin- und Rück-R. häkeln. Am Anfang jeder R. 1 Lm. häkeln und die 1. f.M. jeder R. in die letzte f.M. der Vor-R. arbeiten, siehe auch Hs. auf Seite 6, »Gerade Ränder«. Ab der 2. R. die f.M. jeweils in das hintere (= halbe) Abmaschglied der Vor-R. arbeiten.

TOPFLAPPEN, TÜRKIS

Maschenprobe: 12 M. x 8 R. ergeben ca. 5 x 5 cm.
Ausführung: 51 Lm. anschlagen und lt. Hs. arbeiten. Nach der 1. R. die 2. und 3. R. fortlaufend wdh. In 20 cm Höhe für den Aufhänger 20 Lm. häkeln, anketten und den Lm.-Ring mit f.M. dicht umhäkeln.

TOPFLAPPEN, GRÜN

Maschenprobe: 10 M. x 10 R. ergeben ca. 5 x 5 cm.
Ausführung: Lt. Hs. arbeiten (siehe oben) mit dem Aufhänger beginnen. Dafür 15 Lm. anschlagen, mit einer Km. zur Rd. schließen. Nach einer Lm. den Lm.-Ring mit 20 f.M. umhäkeln. Anschließend in Hin- und Rück-R. weiterarbeiten, dabei in der 2. R. die f.M. mit Pfeil in dieselbe f.M. der 1. Rd. arbeiten. Ab der 3. R. für die Zunahmen 1 f.M., 2 Lm., 1 f.M. um die Lm. der Vor-R. häkeln. Die Hs. zeigt die ersten 5 R., danach im gleichen Rhythmus weiterarbeiten und an der Diagonalen zunehmen. Bei einer Größe von ca. 20 x 20 cm enden.

TOPFLAPPEN, GELBGRÜN

Maschenprobe: 11 M. x 9 R. ergeben ca. 5 x 5 cm.
Ausführung: Für diesen Topflappen werden 4 Quadrate gehäkelt und zusammengenäht. Pro Quadrat 23 Lm. anschlagen und im Grundmuster arbeiten =

Topflappen, türkis

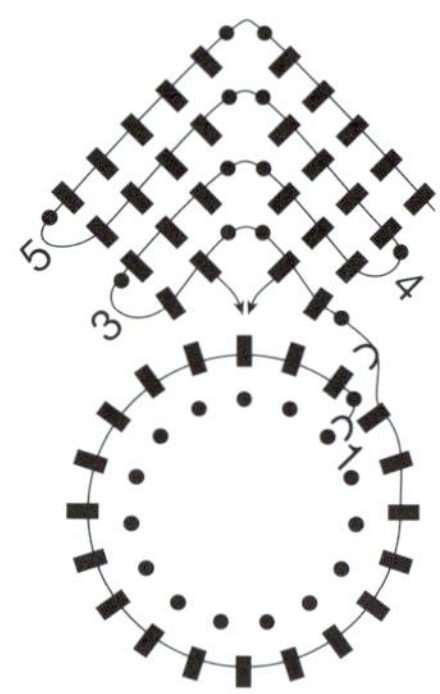

22 f.M. pro R. Nach 18 R., bzw. wenn das Teil quadratisch ist, enden. Die 4 Quadrate so aneinander nähen, dass die Rippen jeweils versetzt zueinander verlaufen. Für den Aufhänger an einer Ecke anketten, 20 Lm. häkeln, dann die Nadel aus der Schlinge nehmen, in die Ankettstelle einstechen und die Schlinge durchholen. 1 Lm. häkeln und den Lm.-Ring mit f.M. dicht umhäkeln.

Karos

MATERIAL

Baumwollhäkelgarn Lyric 8/8 in Orange 537, Grün 588, Pink 587 und Blau 510 von Coats (für ein Topflappenpaar wird je 1 Knl. benötigt); Häkelnadel Nr. 3,5

GROSSE KAROS

Größe: ca. 21 x 21 cm
Grundmuster: f.M. in Hin- und Rück-R. häkeln. Am Anfang jeder R. 1 Lm. häkeln und die 1. f.M. in die letzte f.M. der Vor-R. arbeiten, siehe auch Hs. auf Seite 6 »Gerade Ränder«.Die Farbflächen mit je 1 Knl. arbeiten. Beim Farbwechsel die Fäden auf der Rückseite verkreuzen und die letzte M. einer Farbe jeweils mit der folgenden Farbe abmaschen.
Maschenprobe: 9,5 M. x 10,5 R. ergeben 5 x 5 cm.
Ausführung: 20 Lm. in Orange, dann 21 Lm. in Grün anschlagen. Im Grundmuster arbeiten, in der 1. R. 20 f.M. in Grün, 20 f.M. in Orange häkeln. In dieser Farbaufteilung insgesamt 22 R. arbeiten. Danach über die grüne Fläche mit Pink, über die orangefarbene Fläche mit Blau weiterarbeiten. Insgesamt 22. R. häkeln. Für den Aufhänger an der blauen Farbfläche neu anketten, 20 Lm. häkeln und eine Km. in die Ankettstelle arbeiten. Dann den Lm.-Ring mit f.M. dicht umhäkeln.

KLEINE KAROS

Größe: ca. 19,5 x 19,5 cm
Material: siehe links
Grundmuster: siehe Große Karos. Für das Jacquardmuster den unbenutzten Faden jeweils mit dem Arbeitsfaden überhäkeln, beim Farbwechsel die letzte M. einer Farbe jeweils mit der folgenden Farbe abm.
Streifenfolge: 1.–4. R.: abwechselnd 5 M. in Grün, 5 M. in Orange arbeiten.
5.–8. R.: abwechselnd 5 M. in Pink, 5 M. in Blau arbeiten.
Die 1.–8. R. fortlaufend wdh.
Maschenprobe: 10 M. x 10 R. ergeben 5 x 5 cm.
Ausführung: 41 Lm. in Grün anschlagen. Dann im Jacquardmuster nach der Streifenfolge arbeiten. Nach 36 R. für den Aufhänger 20 Lm. häkeln, Nadel aus der Schlinge nehmen, von der Vorderseite aus in den Eckpunkt einstechen, Schlinge durchholen und den Lm.-Ring mit f.M. dicht umhäkeln, danach die obere Kante mit Km. überhäkeln.

Hier kocht der Chef

MATERIAL

Baumwollhäkelgarn Lyric 8/4 in Weiß 500 und Schwarz 501 (für ein Topflappenpaar wird je 1 Knl. benötigt), Rest Anchor Sticktwist in Rot, alle Garne von Coats; Häkelnadel Nr. 2,5

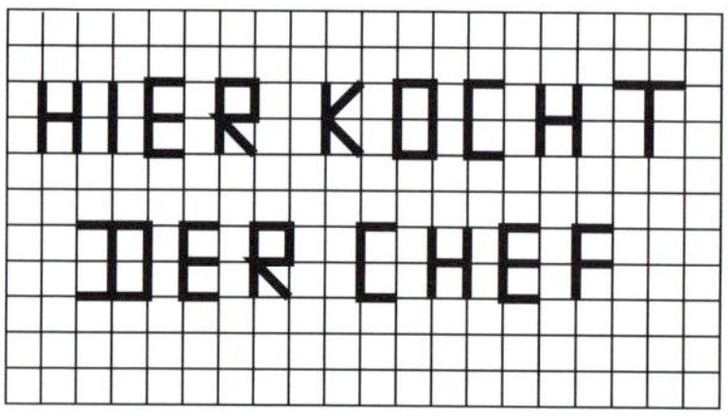

Zählmuster A

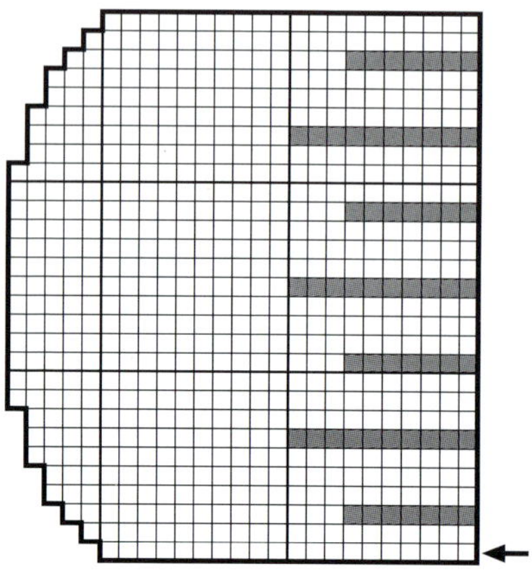

Zählmuster B

Größe: ca. 20 x 20 cm
Grundmuster: f.M. in Hin- und Rück-R. häkeln. Am Anfang jeder R. 1 Lm. häkeln und die 1. f.M. in die letzte f.M. der Vor-R. arbeiten, siehe auch Hs. auf Seite 6 »Gerade Ränder«.
Den Rand im Jacquardmuster häkeln, dafür abwechselnd 2 M. in Schwarz, 2 M. in Weiß arbeiten, dabei jeweils den unbenutzten Faden mit dem Arbeitsfaden überhäkeln und beim Farbwechsel die letzte M. einer Farbe mit der folgenden Farbe abm. Nach je 2 R. die Farben versetzen.
Maschenprobe: 13 M. x 15 R. ergeben 5 x 5 cm.
Ausführung: 55 Lm. in Schwarz anschlagen. Im Jacquardmuster arbeiten = 54 f.M. pro R. Nach den ersten 6 R. mit 2 Knl. in Weiß und 1 Knl. in Schwarz arbeiten, über je 6 M. an den Rändern im Jacquardmuster, die 42 M. dazwischen einfarbig schwarz im Grundmuster häkeln.

Bevor für den oberen Rand die 1. durchgehende R. im Jacquardmuster gearbeitet wird, die Höhe überprüfen. Die R.-Anzahl kann nur um je 4 R. verändert werden, damit an den Ecken ein schwarzes Karo liegt. Nach der letzten R. die obere Kante mit Schwarz mit Km. überhäkeln, dabei in Seitenmitte für den Aufhänger 20 Lm. anschlagen, Nadel aus der Schlinge nehmen, in die letzte Einstichstelle einstechen, Schlinge durchholen und den Lm.-Ring mit f.M. dicht umhäkeln.

Kochmütze: Für das untere Teil 21 Lm. in Weiß anschlagen und im Grundmuster arbeiten = 20 f.M. pro R. Insgesamt 11 R. häkeln. Teil lt. Zm. A mit dem Schriftzug besticken. Sticktwist ganzfädig verwenden.

Das obere Teil lt. Zm. B arbeiten. 21 Lm. anschlagen, beim Pfeil beginnen. Die grau getönten M. in die M. der vorletzten R. arbeiten, dabei den Arbeitsfaden fest anziehen. Für den oberen Rand zu- bzw. abnehmen.

Kochmütze laut Foto auf die Innenfläche nähen.

Asien

MATERIAL

Baumwollhäkelgarn Lyric 8/8 in Weiß 500 und Schwarz 501 von Coats (für ein Topflappenpaar werden 2 Knl. in Weiß und 1 Knl. in Schwarz benötigt); Häkelnadel Nr. 3,5

Größe: ca. 20 x 20 cm
Grundmuster: Lt. Zm. f.M. in Hin- und Rück-R. arbeiten. Arbeiten nach Zm. siehe »Allgemeine Hinweise« auf Seite 6. Die Farbflächen mit mehreren Knl. arbeiten. Beim Farbwechsel die Fäden auf der Rückseite verkreuzen und die letzte M. einer Farbe jeweils mit der folgenden Farbe abm. Innerhalb des Zeichens den jeweils andersfarbigen Faden mitführen, d. h. mit der 2. Farbe überhäkeln.
Farbverteilung: 1 = weiß, 2 = schwarz
Maschenprobe: 10 M. x 11 R. ergeben 5 x 5 cm.
Ausführung: 41 Lm. in Weiß anschlagen. Dann im Grundmuster nach dem Zm. arbeiten, beim Pfeil beginnen = 40 f.M. pro R. Am Ende der letzten R. für den Aufhänger 20 Lm. häkeln und eine Km. in die letzte M. der Vor-R. arbeiten. 1 Lm. häkeln, Teil wenden und den Lm.-Ring mit f.M. dicht umhäkeln.

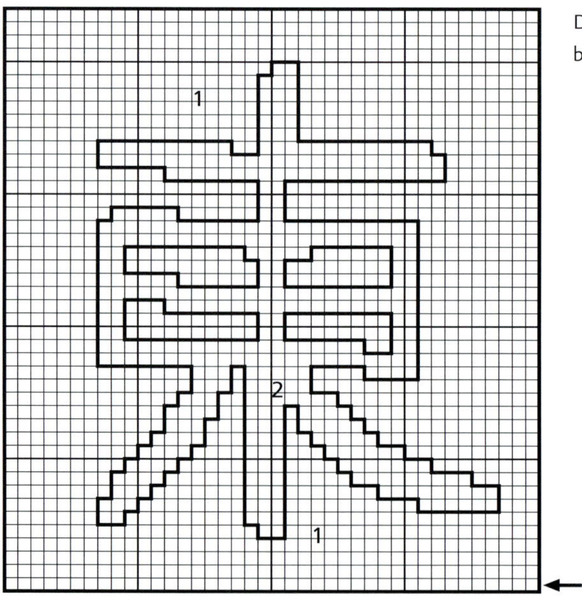

Das Schriftzeichen bedeutet »Osten«.

Topflappenhandschuh

MATERIAL

Baumwollhäkelgarn Lyric 8/8 in Blau 555 und Weiß 500 von Coats (für ein Topflappenpaar wird je 1 Knl. benötigt); Häkelnadel Nr. 3,5

Größe: 22 x 17,5 cm
Grundmuster: Lt. Zm. f.M. in Hin- und Rück-R. arbeiten. Arbeiten nach Zm. siehe »Allgemeine Hinweise« auf Seite 6. Farbverteilung: 1 = blau, 2 = weiß
Maschenprobe: 10 M. x 12 R. ergeben ca. 5 x 5 cm.
Ausführung: Für die Vorderseite 23 Lm. in Blau anschlagen. Lt. Zm. im Grundmuster arbeiten, bei Pfeil A beginnen. Ab der 31. R. zunächst die Handfläche arbeiten. Dann bei Pfeil B neu anketten und für den Daumen noch 10 R. anfügen. Die Rückseite ebenso arbeiten.

Anschließend Vorder- und Rückseite mit Km. dicht am Rand entlang überhäkeln, dabei darauf achten, dass bei beiden Teilen mit der gleichen M.-Anzahl überhäkelt wird. Dann beide Teile passgenau übereinander legen und mit Km. zusammenhäkeln, dabei jeweils die außen liegenden Abmaschglieder beider Teile erfassen.

Für den Aufhänger am Außenrand anketten, 20 Lm. häkeln, Nadel aus der Schlinge nehmen, in die Ankettstelle einstechen, Schlinge durchholen und die Lm. mit f.M. dicht umhäkeln.

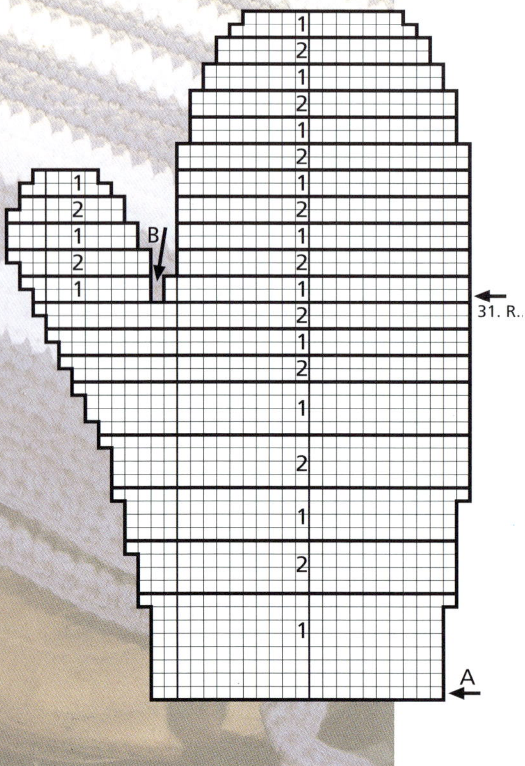

TIPP

Das Zusammenhäkeln evtl. mit einer dünneren Häkelnadel = Nadel Nr. 3,0 ausführen. Damit lassen sich die Abmaschglieder leichter erfassen.

Tänzer

MATERIAL

Baumwollhäkelgarn Lyric 8/8 in Weiß 500, Schwarz 501, Gelb 524*, Orange 537*, Rot 508* und Grün 512* (für ein Topflappenpaar wird je 1 Knl. benötigt; für die mit * gekennzeichneten Farben können auch Garnreste in passender Stärke verwendet werden, sie werden nur zum Besticken und Umhäkeln der Randbordüre benötigt).
Für die Figur 1 Knl. Lyric 8/4 in Grün 512 und Schwarz 501, Lauflänge = 150 m/50 g (auch hierfür können Garnreste in passender Stärke verwendet werden), alle Garne von Coats; Häkelnadeln Nr. 3,5 und 2,5

Größe: ca. 20,5 x 20,5 cm
Häkelschriftzeichen auf Seite 7
Grundmuster: siehe Hs. A. Nach der 1. R. die 2. und 3. R. fortlaufend wdh.
Maschenprobe: 11 M. x 10 R. ergeben ca. 5 x 5 cm.

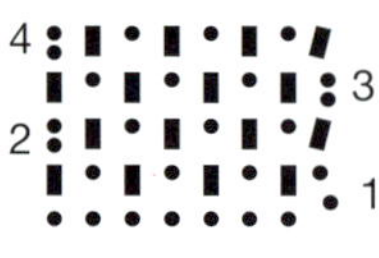

Häkelschrift A

Ausführung: Die Innenfläche und die Umrandung mit Lyric 8/8 und Nadel Nr. 3,5 arbeiten. Für die Innenfläche 35 Lm. in Weiß anschlagen und lt. Hs. A arbeiten, dabei in der 1. R. die 1. f.M. in die 3. Lm. ab Nadel häkeln. Nach der 28. R. enden. Danach die Innenfläche mit einer Rd. f.M. in Weiß umhäkeln, dabei am oberen und unteren Rand 4-mal jede 6. und 7. M. zus. abm., d. h. aus 2 nebeneinander liegenden M. je 1 Schlinge durchholen und mit einem Umschlag alle auf der Nadel liegenden Schlingen abm. An den seitlichen Rändern in jede R. 1 f.M. arbeiten. Nach dieser Rd. liegen 28 f.M. zwischen den Eck-M.

Anschließend die Umrandung lt. Hs. B in Schwarz arbeiten. Hs. B zeigt unterhalb der Linie die letzte Rd. der Innenfläche. An einer Seite bei Pfeil A anketten, bis Pfeil B arbeiten, dann die

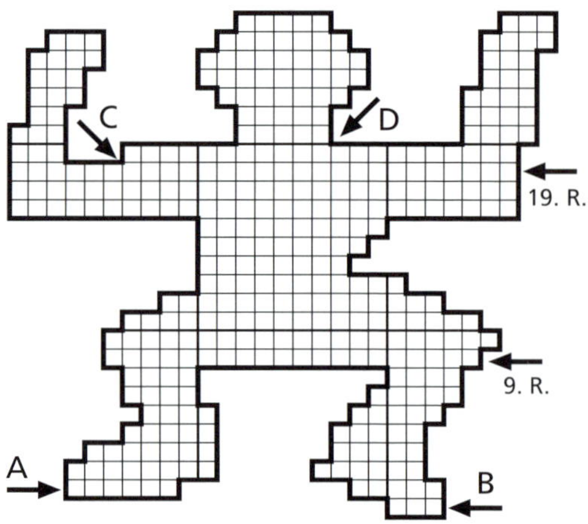

Ecke zwischen den Pfeilen B und C häkeln. Rd. ergänzen, dabei zwischen den Ecken fortlaufend f.M. arbeiten.

Nach der 5. Rd. den Topflappen mit f.M. in den Farben Gelb, Orange, Rot und Grün überhäkeln, für jede Seite eine andere Farbe verwenden, die 1. und letzte f.M. jeweils um die Eck-Lm. arbeiten. Für den Aufhänger an einer Ecke anketten, 20 Lm. häkeln, in die Ankettstelle einstechen, Schlinge durchholen, die Lm. mit f.M. dicht umhäkeln, dann die folgende Seite mit f.M. umhäkeln.

Die Umrandung mit Zickzackstichen über je 2 Rd. besticken, von der Mitte ausgehen, jeden Stich über 2 M. in der Breite ausführen. Farbverteilung siehe Abb.

Die Figur mit Lyric 8/4 in Grün mit Häkelnadel Nr. 2,5 lt. Zm. auf Seite 62 arbeiten. Arbeiten nach Zm. siehe »Allgemeine Hinweise« auf Seite 6.

Das 1. Bein bei Pfeil A beginnen. 7 Lm. anschlagen = 6 f.M. Nach 7. R. das Teil stilllegen. Das 2. Bein bei Pfeil B beginnen. 4 Lm. anschlagen = 3 f.M. Mit der 9. R. die beiden Teile miteinander verbinden, dafür 10 f.M. mit Fußschlinge arbeiten, siehe »Allgemeine Hinweise« auf Seite 7, und über die gesamte Breite weiterhäkeln. Nach der 19. R. den 1. Arm beenden. Dann bei Pfeil C neu anketten und nach der 20. R. den 2. Arm beenden. Für den Kopf bei Pfeil D neu anketten und noch 7 R. häkeln.

Zuletzt die Figur mit einer Rd. f.M. in Schwarz umhäkeln. Die Figur auf die Innenfläche nähen.

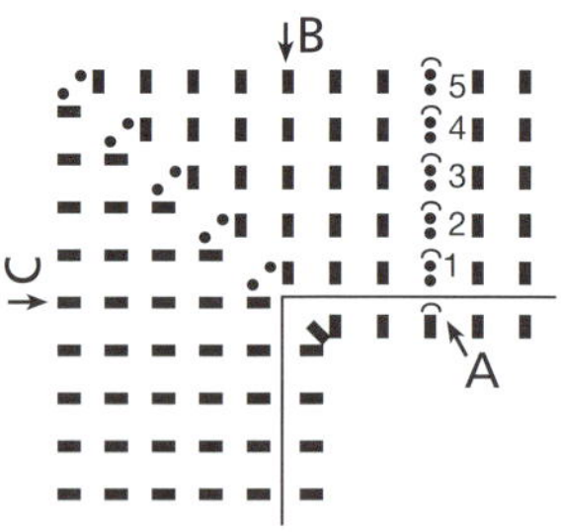

Häkelschrift B

Geburtstagstorte

MATERIAL

Baumwollhäkelgarn Lyric 8/8 in Weiß 500 (für ein Topflappenpaar werden 2–3 Knl. benötigt), Baumwollhäkelgarn Blau-Tulpe in Rot 4093, Anchor Sticktwist in Gelb und zwei unterschiedlichen Rosatönen, alle Garne von Coats; Häkelnadeln Nr. 3,5, 2,5 und 1,75

Größe: 24 x 18 cm
Zählmuster und Häkelschriften A–C auf Seite 66
Häkelschriftzeichen auf Seite 7
Grundmuster: Lt. Zm. f.M. in Hin- und Rück-R. arbeiten. Arbeiten nach Zm. siehe »Allgemeine Hinweise« auf Seite 6.
Maschenprobe: 10 M. x 11 R. ergeben ca. 5 x 5 cm.
Ausführung: 27 Lm. anschlagen. Lt. Zm. im Grundmuster arbeiten, bei Pfeil A beginnen. Nach der 13. R. die grau getönte Fläche (= im Zm. links) lt. Hs. A arbeiten, dabei werden nur die f.M. mit Pfeil in die M. der 13. R. gearbeitet. Die restlichen 3 M. (zwischen senkrechter durchgezogener Linie und gestrichelter Linie) werden später vom Tortenteil verdeckt. Die grau getönte Fläche (= im Zm. rechts) lt. Hs. B arbeiten, dafür 4 Lm. anschlagen, dick gezeichneter Punkt = Anfangs-Lm. Die ersten 3 f.M. in die Lm. arbeiten, die f.M. mit Pfeil in die M. der 13. R. häkeln. Anschließend auf der Rückseite bei Pfeil B neu anketten, 1 Lm. häkeln, dann bis Pfeil C 36 f.M. arbeiten, dabei wird die 1. f.M. in dieselbe M. gearbeitet wie die Km. Gerade hoch arbeiten. Nach der 25. R. die getönten Flächen wie zuvor beschrieben arbeiten, dann über die 24 f.M. zwischen den Pfeilen D und E gerade hoch arbeiten und das Teil lt. Zm. beenden. Die obere und untere Kante sowie die seitlichen geraden Kanten mit Km. überhäkeln, außerdem zwischen den seitlichen Kanten eine Verbindungs-Linie mit Km.-Linien aufhäkeln. Km.-Linien aufhäkeln siehe »Allgemeine Hinweise« auf Seite 7. Die Rundungen für die Tortenstufen nicht überhäkeln.
Dekoration: Zur Betonung der Stufen mit doppeltem Sticktwistfaden in Rosa und Nadel Nr. 2,5 Pikotbändchen arbeiten. Für das untere Bändchen zuerst 10 Lm., dann fortlaufend Pikots häkeln, d. h. * 3 Lm. häkeln, dann 1 f.M. in die 1. der 3 Lm. arbeiten, ab * fortlaufend wdh. Nach ca. 26 Pikots noch 10 Lm. häkeln. Die exakte Anzahl der Pikots festlegen, indem man das Bändchen auf das Häkelteil legt, dabei liegen die Lm. auf den Abnahmen am Rand, das Pikotbändchen wird in einer geschwungenen Linie von Ecke zu Ecke gelegt. Für das mittlere Bändchen 10 Lm. + ca. 22 Pikots häkeln. Für das obere

Bändchen ca. 30 Lm. und 14 Pikots häkeln. Bändchen lt. Abb. aufnähen.

Kerzen lt. Hs. C mit Blau-Tulpe in Rot und Nadel Nr. 2,5 arbeiten. 9 Lm. anschlagen und den Lm.-Anschlag beidseitig überhäkeln. Für die große Kerze 12 Lm. anschlagen und in Hin- und Rück-R. f.M. arbeiten. Insgesamt 5 R. häkeln. Dann mit doppeltem Sticktwistfaden in Gelb in Kerzenmitte anketten, 15 Lm. häkeln, Nadel aus der Schlinge nehmen, in die Ankettstelle einstechen und Schlinge durchholen. 1 Lm. häkeln, dann den Lm.-Ring mit f.M. dicht umhäkeln. Kerzen lt. Abb. aufnähen, bei den kleinen Kerzen für die Flamme einen Margeritenstich sticken.

Für die Rosetten in einen Fadenring (siehe Seite 6) 18 Stb. häkeln, davon das 1. Stb. durch 3 Lm. ersetzen. In der 2. Rd. in jede M. 1 f.M. in das hintere (= halbe) Abmaschglied der Vor-R. arbeiten. Rosetten aufnähen. In der Mitte einen Knötchenstich in Rot arbeiten.

Schriftzug lt. Zm. mit rotem Garn aufsticken.

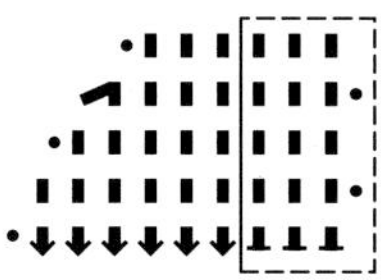

Häkelschrift A

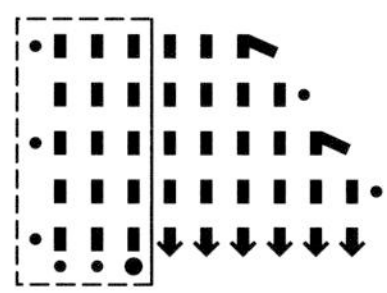

Häkelschrift B

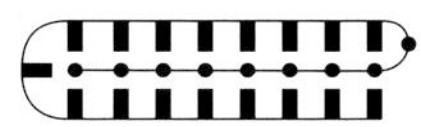

Häkelschrift C

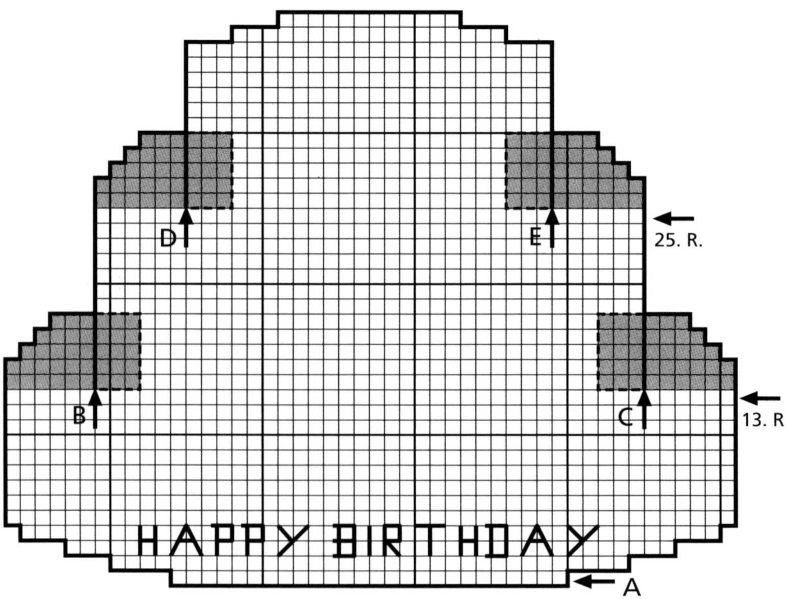

HAPPY BIRTHDAY

Unterwegs

MATERIAL

Baumwollhäkelgarn Lyric 8/8 in Rot 508, Hellblau 509, Schwarz 501 und Grau 591 (für ein Topflappenpaar wird je 1 Knl. benötigt). Rest Baumwollhäkelgarn Rot-Tulpe in Ecru 4069, Rest Anchor Sticktwist in Weiß und Schwarz, alle Garne von Coats; Häkelnadeln Nr. 3,5 und 1,75

VW-KÄFER

Größe: 20 x 16 cm (ohne Räder)
Häkelschriftzeichen auf Seite 7
Grundmuster: Lt. Zm. f.M. in Hin- und Rück-R. arbeiten. Arbeiten nach Zm. siehe »Allgemeine Hinweise« auf Seite 6. Farbverteilung: 1 = rot, 2 = hellblau
Maschenprobe: 10 M. x 11 R. ergeben ca. 5 x 5 cm.
Ausführung: Den *Käfer* lt. Zm. A im Grundmuster arbeiten. 37 Lm. in Rot anschlagen, bei Pfeil A beginnen. Ab der 19. R. die Farbflächen mit mehreren Knl. arbeiten. Beim Farbwechsel die Fäden auf der Rückseite miteinander verkreuzen und die letzte M. einer Farbe bereits mit der folgenden Farbe abm. Die seitlichen Ränder und den oberen Rand des Käfers mit f.M. umhäkeln.

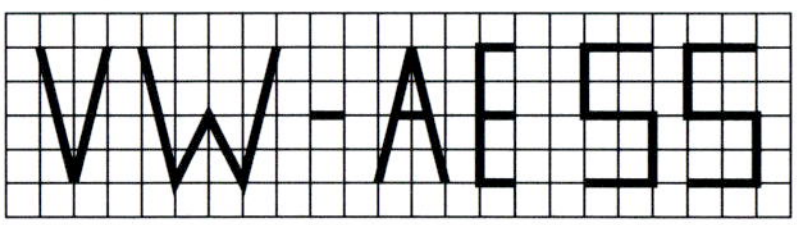

Zählmuster C

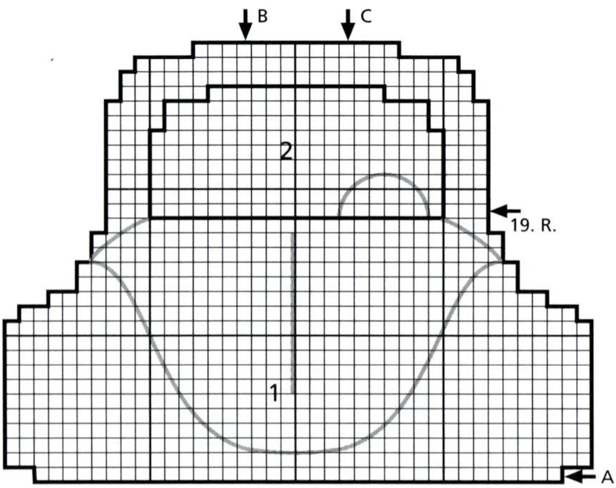

Zählmuster A

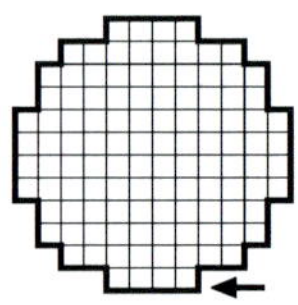

Zählmuster B

Häkelschrift A

Häkelschrift B

VW-AE 55

Für den Aufhänger bei Pfeil B neu anketten, 8 Lm. häkeln, dann die Nadel aus der Schlinge nehmen, bei Pfeil C Schlinge durchholen, 1 Lm. häkeln, dann die Lm. mit f.M. dicht umhäkeln.

Für die *Stoßstange* 43 Lm. in Grau anschlagen und in Hin- und Rück-R. f.M. arbeiten = 42 M. Für die 2. R. mit einer Lm. wenden und die 1. f.M. in die 2. M. der Vor-R. arbeiten, in die letzte f.M. der Vor-R. 1 Km. arbeiten. Für die *Puffer* 7 Lm. in Grau anschlagen und 1 R. (= 6 f.M.) arbeiten.

Die *Reifen* in Schwarz häkeln. Die Vorderreifen lt. Hs. A, die Hinterreifen lt. Hs. B arbeiten, dick gezeichneter Punkt = Anfangs-Lm. In der 2. R. die f.M. in die vorderen (= halben) Abmaschglieder der Vor.-R. häkeln.

Das *Nummernschild* mit weißem Sticktwist und Nadel Nr. 1,75 arbeiten. 24 Lm. anschlagen, in Hin- und Rück-R. f.M. arbeiten = 23 f.M. pro R. Insgesamt 6 R. arbeiten.

Die *Scheinwerfer* mit Rot-Tulpe in Ecru und Nadelstärke Nr. 1,75 lt. Zm. B arbeiten, beim Pfeil beginnen, 5 Lm. anschlagen = 4 f.M. in der 1. R.

Fertigstellung: Die *Motorhaube* mit einer Km.-Linie in Schwarz betonen. Kettmaschenlinien aufhäkeln siehe »Allgemeine Hinweise« auf Seite 7.

In der Mitte eine senkrechte Linie in Grau aufhäkeln. Am Ende den Faden nicht zu kurz abschneiden und auf die Vorderseite ziehen. Dann für den Griff noch 4 Lm. häkeln. Den Griff so annähen, dass er etwas vom Häkelteil absteht. Das Fenster seitlich und oben mit einer roten Km-Linie betonen, zuletzt die Linie unterhalb des Fensters aufhäkeln, diese Linie am Rand beginnen und beenden, siehe auch Zm.

Die Scheinwerfer aufnähen. Für das Lenkrad mit schwarzem Häkelgarn eine Kettmaschenlinie aufhäkeln. Die Stoßstange so aufnähen, dass die untere Reihe des Käfers verdeckt wird. Vorder- und Hinterreifen aufeinander nähen und unterhalb der Stoßstange festnähen.

Das Nummernschild lt. Zm. C mit schwarzem Sticktwist besticken und auf die Stoßstange nähen. Die Puffer seitlich vom Nummernschild festnähen.

MATERIAL

Baumwollhäkelgarn Lyric 8/8 in Blau 555, Weiß 500 und Rot 508 von Coats (für ein Topflappenpaar werden 2 Knl. in Blau und je 1 Knl. in Weiß und Rot benötigt); Häkelnadel Nr. 3,5

VERKEHRSSCHILD

Größe: ca. 20,5 x 20,5 cm
Grundmuster: Lt. Zm. f.M. in Hin- und Rück-R. arbeiten. Arbeiten nach Zm. siehe »Allgemeine Hinweise« auf Seite 6. Die Farbflächen mit mehreren Knl. häkeln. Beim Farbwechsel die Fäden auf der Rückseite verkreuzen und die letzte M. einer Farbe jeweils mit der folgenden Farbe abm.
Farbverteilung: 1 = blau, 2 = weiß, 3 = rot
Maschenprobe: 10 M. x 11 R. ergeben 5 x 5 cm.

Ausführung: 42 Lm. in Blau anschlagen. Dann im Grundmuster nach dem Zm. arbeiten, beim Pfeil beginnen = 41 f.M. pro R. Am Ende der letzten R. für den Aufhänger 20 Lm. häkeln und eine Km. in die letzte M. der Vor-R. arbeiten. Dann 1 Lm. häkeln, Teil wenden und den Lm.-Ring mit f.M. dicht umhäkeln.

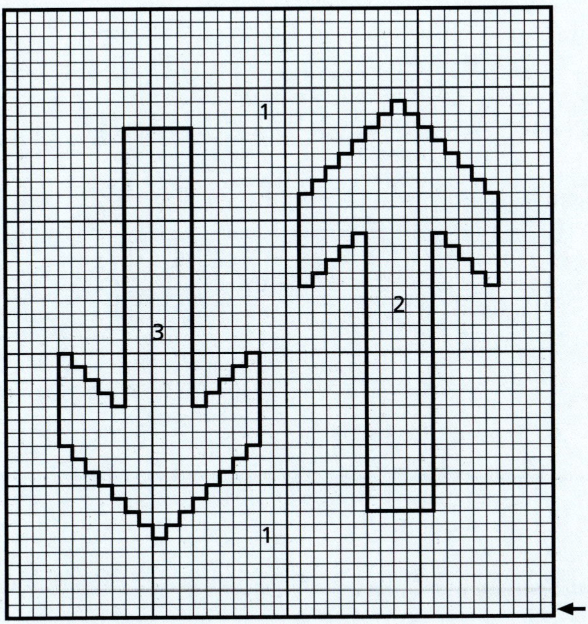

Tannenbaum

MATERIAL

Baumwollhäkelgarn Lyric 8/8 von Coats in Rot 508, Grün 512, Dunkelgrün 556* und Gelb 524* (für ein Topflappenpaar werden 2 Knl. in Rot und 1 Knl. in Grün 512 benötigt, für die mit * gekennzeichneten Farben reichen Reste in entsprechender Stärke); Häkelnadel Nr. 3,5

Größe: ca. 20 x 20 cm
Grundmuster: Lt. Zm. f.M. in Hin- und Rück-R. häkeln. Arbeiten nach Zm. siehe »Allgemeine Hinweise« auf Seite 6. Die Farbflächen mit mehreren Knl. arbeiten. Beim Farbwechsel die Fäden auf der Rückseite verkreuzen und die letzte M. einer Farbe jeweils mit der folgenden Farbe abm.
Maschenprobe: 10 M. x 10 R. ergeben 5 x 5 cm.
Ausführung: 40 Lm., d. h. 16 Lm. in Rot, 7 Lm. in Dunkelgrün, und 17 Lm. in Rot anschlagen. Beim Abzählen der Lm. beachten, dass beim Farbwechsel, d. h. wenn der Faden der 2. Farbe durch die auf der Nadel liegende Schlinge geholt wird, noch 1 Lm. in der zuvor verwendeten 1. Farbe gebildet wird. Im Grundmuster arbeiten, beim Pfeil beginnen = 39 f.M. pro R. Nach der vorletzten R. für den Aufhänger 15 Lm. häkeln, die Nadel aus der Schlinge nehmen, von der Vorderseite aus in den Eckpunkt einstechen, Schlinge durchholen und den Lm.-Ring mit f.M. dicht umhäkeln, danach die letzte R. anfügen.

Für den Stern mit Gelb 4 Lm. anschlagen, 1 f.M. in die 2. Lm. ab Nadel häkeln, dann 1 Stb. und 1 Dstb. in die folgenden Lm. arbeiten = 1. Zacke. Danach * 3 Lm. anschlagen, 1 f.M. in die 2. Lm. ab Nadel häkeln, 1 Stb. in die folgende Lm., dann 1 Dstb. in das Dstb. der davor liegenden Zacke häkeln, dafür das vordere Abmaschglied und den davor liegenden M.-Draht erfassen. Ab * noch 4-mal wiederholen. Nadel aus der Schlinge nehmen, in die Anfangs-Lm. einstechen, Schlinge durchholen und noch 10 Lm. häkeln. Stern lt. Foto auf den Tannenbaum nähen.

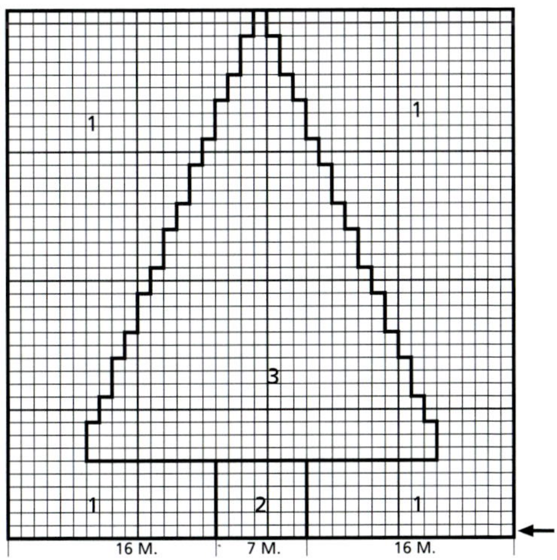

1 = rot 2 = dunkelgrün 3 = grün

Prosit Neujahr

MATERIAL

Baumwollhäkelgarn Lyric 8/8 von Coats in Nachtblau 529, Grau 591*, Pink 525*, Gelb 524* und Orange 537* (für ein Topflappenpaar werden 2 Knl. in Nachtblau benötigt, für die mit * gekennzeichneten Farben reichen Garnreste in entsprechender Stärke); Häkelnadel Nr. 3,5

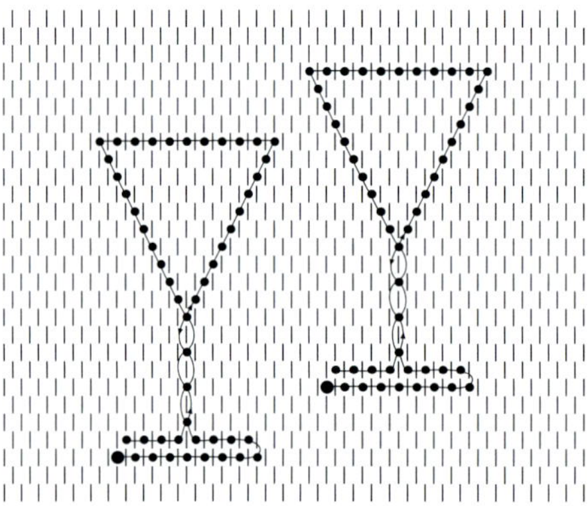

Zählmuster A

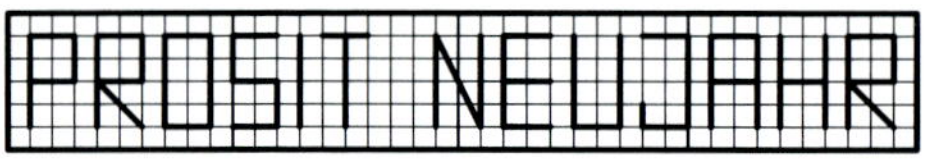

Zählmuster B

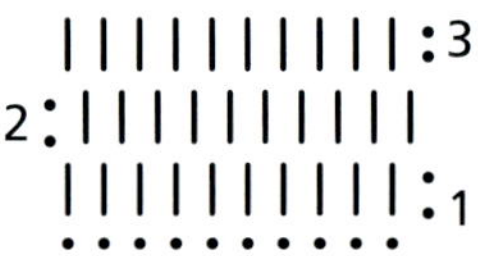

Grundmuster 1

Größe: ca. 20 x 20 cm
Häkelschriftzeichen auf Seite 7
Grundmuster I: Lt. Hs. arbeiten. In der 1. R. das 1. h.Stb. in die 3. Lm. ab Nadel häkeln. Nach der 1. R. die 2. und 3. R. fortlaufend wiederholen, dabei jeweils mit 2 Lm. wenden und die h.Stb. zwischen 2 h.Stb. der Vor.-R. arbeiten.
Maschenprobe: 8,5 h.Stb. x 8 R. ergeben 5 x 5 cm.
Grundmuster II: f.M. in Hin- und Rück-R. häkeln, siehe auch Hs. auf Seite 6, »Gerade Ränder«.
Maschenprobe: 10 M. x 10 R. ergeben 5 x 5 cm.
Ausführung: In Nachtblau 36 Lm. anschlagen, im Grundmuster I arbeiten = 34 h.St. pro R. Nach der 28. R. (= in 17 cm Höhe) mit Pink im Grundmuster II weiterarbeiten, dabei die Wende-Lm. bereits mit Pink arbeiten und in der 1. R. 6 M. zunehmen, d. h. in das 2. h.Stb., dann noch 5-mal in jedes 6. folgende h.Stb. 2 f.M. arbeiten = 40 f.M. pro R. Insgesamt 6 R. häkeln = 2 R. in Pink, 2 R. in Gelb und 2 R. in Orange. Am Ende der letzten R. für den Aufhänger 15 Lm. anschlagen, die Nadel aus der Schlinge nehmen, von der Vorderseite aus in den Eckpunkt einstechen, Schlinge durchholen und den Lm.-Ring mit f.M. dicht umhäkeln. Dann die Topflappenoberkante mit 1 R. Km. überhäkeln.
Für die Gläser mit Grau lt. Zm. A Km.-Linien aufhäkeln, siehe auch Seite 7.

Die senkrechten Striche stellen die h.Stb. dar – die Wende-Lm. sind nicht eingezeichnet –, die Punkte markieren die Einstechstellen für die Km.-Linie. Beim dicken Punkt beginnen, d. h. an dieser Stelle den Faden von unten zur Schlinge durchholen. Weiter der dünnen Linie folgend für jeden Punkt zwischen 2 h.Stb. einstechen und die Schlinge durchholen. Beim Stiel die Schlingen etwas länger ziehen, da hier die Km. über 2 R. in der Höhe gearbeitet werden. Nach der letzten Km. den Faden abschneiden und auf die Vorderseite ziehen. Das Fadenende mit einer Sticknadel unter die Anfangs-Km. führen und in die letzte Km. einstechen. Innerhalb der Gläser mit Gelb eine Km-Linie häkeln. Am linken Glasrand in der 3. R. unterhalb der grauen Linie beginnen, dann in Zickzacklinien bis zur unteren Spitze arbeiten, an den Rändern bis zu den Einstichpunkten der grauen Linie arbeiten.

Den Schriftzug lt. Zm. B mit Spannstichen in Nachtblau, die Sternchen in unterschiedlichen Größen aufsticken.

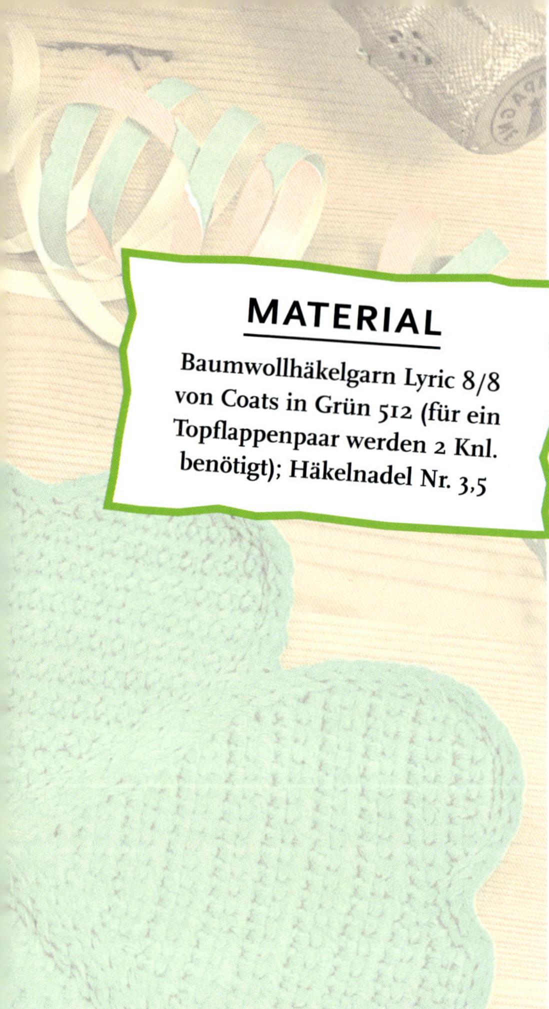

MATERIAL

Baumwollhäkelgarn Lyric 8/8 von Coats in Grün 512 (für ein Topflappenpaar werden 2 Knl. benötigt); Häkelnadel Nr. 3,5

Kleeblatt

Größe: ca. 20 cm ø
Grundmuster: Lt. Zm. f.M. in Hin- und Rück-R. arbeiten. Arbeiten nach Zm. siehe »Allgemeine Hinweise« auf Seite 6.
Maschenprobe: 10 M. x 11 R. ergeben 5 x 5 cm.
Ausführung: 2 Lm. anschlagen. Im Grundmuster arbeiten, beim Pfeil beginnen, die 1. f.M. in die 2. Lm. ab Nadel häkeln. Nach der 18. R. zuerst die rechte Hälfte beenden. Danach die Nadel in die mittlere M. der 18. R. einstechen, den Faden durchholen und die linke Hälfte anhäkeln. Insgesamt 4 Blätter arbeiten und jeweils mit 2 Rd. Km. überhäkeln, dabei in der 2. Rd. in das hintere (= halbe) Abmaschglied der Vor-Rd. einstechen. Die Blätter aneinander legen und zusammennähen, dafür mit einer Sticknadel ohne Spitze jeweils die Km. zweier nebeneinander liegender Blätter erfassen und den Faden durchziehen. Diese Verbindungsstiche in einer Zickzacklinie von der Spitze aus über ca. 12 R. nach oben ausführen. Für den Aufhänger 20 Lm. anschlagen, mit einer Km. zur Rd. schließen. Lm.-Ring mit f.M. dicht umhäkeln. Aufhänger auf der Rückseite festnähen.

CHAMPAGNE

Glücksschwein

MATERIAL

Baumwollhäkelgarn Lyric 8/8 in Pink 587 von Coats (für ein Topflappenpaar werden 2 Knl. benötigt); Häkelnadel Nr. 3,5; kleiner schwarzer Knopf, 1 cm ø

Größe: 22 x 15 cm
Grundmuster: Lt. Zm. f.M. in Hin- und Rück-R. arbeiten. Arbeiten lt. Zm. siehe »Allgemeine Hinweise« auf Seite 6.
Maschenprobe: 10 M. x 10,5 R. ergeben ca. 5 x 5 cm.
Ausführung: Für das Hinterbein 8 Lm. anschlagen, bei Pfeil A beginnen = 7 f.M. in der 1. R. Nach 3 R. das Teil stilllegen. Für den Bauch 10 Lm. anschlagen = 9 f.M.

Nach einer R. das Teil stilllegen. Für das Vorderbein 7 Lm. anschlagen, bei Pfeil B beginnen = 6 f.M. in der 1. R. Mit der 4. R. die Teile miteinander verbinden, dafür zwischen den Teilen jeweils 1 f.M. mit Fußschlinge arbeiten, siehe »Allgemeine Hinweise« auf Seite 7. Danach weiter über die gesamte Breite lt. Zm. arbeiten. Das im Zm. eingezeichnete Ohr wird separat gehäkelt.

Nach der letzten R. für den Aufhänger bei Pfeil C neu anketten, 8 Lm. häkeln, dann die Nadel aus der Schlinge nehmen, bei Pfeil D Schlinge durchholen und die Lm. mit f.M. dicht umhäkeln.

Anschließend das Schwein mit Km. überhäkeln.

Für das *Ohr* 3 Lm. anschlagen, bei Pfeil E beginnen = 2 f.M. in der 1. R. Das Ohr mit f.M. überhäkeln, an der Oberkante festnähen.

An der *Schnauze* Km.-Linien aufhäkeln, siehe graue Linien im Zm. Km.-Linien aufhäkeln, siehe »Allgemeine Hinweise« auf Seite 7.

Für das *Ringelschwänzchen* 15 Lm. anschlagen und mit f.M. überhäkeln, dabei die 1. f.M. in die 2. Lm. ab Nadel häkeln. Weiter abwechselnd in eine Lm. 1 f.M., in die nächste Lm. 2 f.M arbeiten. Ringelschwänzchen aufnähen. Knopf als Auge aufnähen.

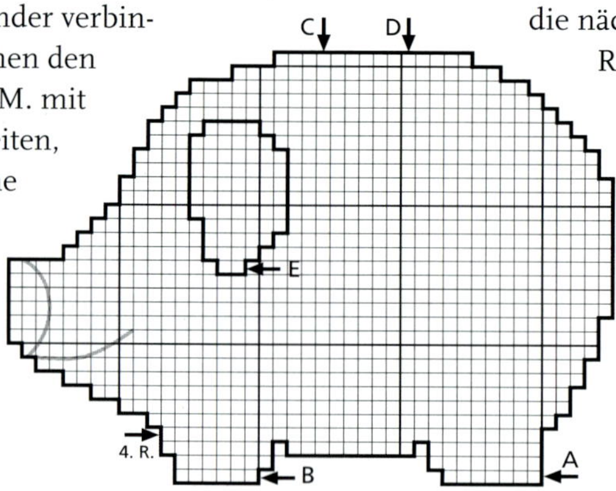

Wir danken den Firmen Coats und Prym für die Unterstützung bei diesem Buch.

Bibliografische Information Der Deutschen Bibliothek
Die Deutsche Bibliothek verzeichnet diese Publikation in der Deutschen Nationalbibliografie; detaillierte bibliografische Daten sind im Internet über http://dnb.ddb.de abrufbar.

Urania Verlag
Verlagsgruppe Dornier
Postfach 80 0669, 70 506 Stuttgart

www.verlagsgruppe-dornier.de
www.urania-verlag.de

Der Urania Verlag ist ein Unternehmen der Verlagsgruppe Dornier GmbH.

Umschlaggestaltung: Behrend & Buchholz, Hamburg
Fotos: Sabine Münch, Berlin
Modelle: Anne Thiemeyer
Lektorat: Eva Hauck
Gestaltung und Layout: Berliner Buchwerkstatt, Ulrike Sindlinger/Britta Dieterle
Printed in Slovakia

ISBN 3-332-01430-7